CONFESSIONS D'UN FILS DE MARIANNE ET DE MAHOMET

BP 50311
75625 Paris Cedex 13

Dépôt légal : avril 2016
Numéro d'édition : 79
ISBN : 978-2-35766-120-2

Composition et mise en pages
Nord Compo à Villeneuve-d'Ascq

Imprimé en France par la Nouvelle Imprimerie Laballery
Numéro d'impression : 602515

Soufiane Zitouni

CONFESSIONS D'UN FILS DE MARIANNE ET DE MAHOMET

LES ÉCHAPPÉS

Les tribunes de Soufiane Zitouni « Aujourd'hui, le Prophète est aussi "Charlie" » et « Pourquoi j'ai démissionné du lycée Averroès » ont été publiées dans le journal *Libération* respectivement le 15 janvier 2015 et le 6 février 2015. Une illustration du dessinateur Willem accompagnait la tribune du 15 janvier 2015. C'est avec l'aimable autorisation de *Libération* et de Willem qu'elles sont ici reproduites.

Les citations des livres d'Olfa Youssef, *Le Coran au risque de la psychanalyse* (2007), et du cheikh Khaled Bentounès, *Thérapie de l'âme* (2014), sont ici reproduites avec l'aimable autorisation des auteurs et des éditions Albin Michel.

Aux victimes des attentats de janvier
et novembre 2015 et à leurs familles.
À Annie, Inès, Sonia, Élodie et Adam.
À mes parents malgré tout.

« Est-il possible de parler de l'islam
aujourd'hui comme d'un bien-être
pour l'humanité alors qu'il se vit
souvent sous un tout autre rapport ?
Soyons raisonnables : qui l'accepterait ? »
Cheikh Khaled Bentounès,
Thérapie de l'âme

« Ce n'est pas de modération dont nous avons
besoin, mais de courage moral à l'intérieur
de la communauté des croyants. »
Wassyla Tamzali, *Une femme en colère.
Lettre d'Alger aux Européens désabusés*

PROLOGUE

KAÏROS

Dans la tradition grecque antique, Kaïros est le dieu du moment opportun. J'ai découvert cette étrange divinité païenne grâce à l'école jungienne de psychanalyse, car j'ai eu la chance de vivre une analyse dans son creuset durant une dizaine d'années. J'ai découvert également dans l'œuvre géniale et magistrale de son fondateur, Carl Gustav Jung (si injustement méconnu en France), la notion de *synchronicité* ou de *coïncidence signifiante*, très proche de ce que le surréaliste André Breton a nommé le « hasard objectif ». Une synchronicité ou une coïncidence signifiante, c'est un ensemble d'événements concrets et de vécus psychiques qui coïncident à un moment donné d'une existence et desquels peut émaner un sens profond pour la personne qui les vit. Mais ce sens est à la fois immanent et transcendant : immanent parce qu'il relève de l'intime, de l'expérience personnelle, et transcendant parce qu'il dépasse en réalité le cas particulier de l'individu qui le vit au sens où la synchronicité vécue a, de surcroît, une dimension transpersonnelle ou collective. « Le vécu d'une synchronicité est une expérience du temps, nous dit le psychanalyste Élie G. Humbert dans son livre *L'Homme aux prises avec l'inconscient*. Les événements extérieurs viennent correspondre à un état subjectif de telle façon que le ou les sujets concernés sont touchés au niveau de leur rapport à la réalité[1]. »

J'ai vécu une série de coïncidences signifiantes de cet ordre à la charnière des années 2014 et 2015, autour des tragiques attentats contre *Charlie Hebdo* et l'Hyper Cacher et de ma démission du lycée Averroès. J'ai expliqué les raisons de cette démission dans une tribune, publiée par le journal *Libération*, qui eut un certain retentissement médiatique en France, et au-delà. Mais ce n'est qu'en ce joli printemps 2015 qui débute, au moment où j'écris ces lignes, que je commence à comprendre la signification profonde de cette synchronicité. Le splendide magnolia sous ma fenêtre redéploie ses fleurs, le couple de tourterelles qui l'habite roucoule d'aise, quelques merles marquent leur territoire aux alentours avec des trilles mélodieux qu'on croirait sortis d'une œuvre de Mozart. Tout est en ordre, la nature continue à écrire sa propre partition de manière imperturbable, et je m'apprête moi-même à écrire un texte dont j'ignore tout évidemment, mais que je sens mystérieusement présent en moi, comme est présent dans le ventre de ma compagne notre futur enfant…

Le livre que vous vous apprêtez à lire est une modeste tentative de mettre des mots sur le chemin de vie qui m'a fait devenir l'homme que je suis aujourd'hui.

1. Élie G. Humbert, *L'Homme aux prises avec l'inconscient. Réflexions sur l'approche jungienne*, Paris, Albin Michel, 1994, p. 89-101.

Le Petit Poucet devenu grand n'est pas sûr de retrouver tous les cailloux qu'il a semés sur la longue et douloureuse route qui l'a mené à lui-même, mais comme à son habitude, il va continuer à écrire sa destinée un pas après l'autre, une page après l'autre, armé de la seule confiance en cette mystérieuse Vie qui l'anime et le guide depuis toujours. Parce que le moment est venu pour lui de témoigner.

PREMIÈRE PARTIE

UNE ENFANCE ET UNE ADOLESCENCE MUSULMANES

ALLAH ET LE BEAUJOLAIS

Je peux le dire aujourd'hui, sans craindre les foudres d'Allah : je ne suis plus musulman. Mais non pas au sens vrai du terme musulman, qui vient de l'arabe *muslim* et qui signifie littéralement « soumis à la volonté de Dieu ». Non, je ne suis plus musulman au sens où je ne pratique plus rien de ce qu'on appelle habituellement l'islam. Je mange du porc et non halal, je bois du vin et d'autres breuvages alcoolisés, je ne jeûne plus pendant le mois de ramadan, je ne fais plus mes cinq prières canoniques, je ne récite plus mes « mantras » soufis quotidiens. Mais j'ai foi en Allah, aussi surprenant que cela puisse paraître, car ce mot signifie « dieu » en arabe et rien d'autre, comme le savent bien les chrétiens d'Orient. « Impossible ! » me crieront sans doute des gardiens du temple de l'islam, voire la majorité de celles et ceux qui se disent musulmans. Mais telle est ma vérité du moment, tel est ce que je suis. Je refuse d'être un tartufe inconscient vivant une islamité de façade par fidélité irréfléchie et mécanique à une tradition ancestrale, ou mettant son identité musulmane en avant tel un étendard culturel ou politique, une carte de visite ou une marque de fabrique. Je ne suis plus musulman, un point c'est tout. Mais je suis citoyen. Citoyen français de naissance et par choix. Et citoyen du monde par conscience. J'ai mis des années à me débarrasser de la pratique de l'islam que toute mon âme refusait depuis longtemps, parce que je n'arrivais pas à admettre pleinement ce refus en moi par crainte de trahir, par peur d'être parjure. C'est pourquoi j'ai vécu pendant des années ce que j'appelle aujourd'hui : *la malédiction de l'apostat*.

Un jour, mon propre père m'a souhaité la mort parce que je n'étais plus musulman pratiquant. Il sera souvent question de cette statue du commandeur dans ce livre, car cet homme profondément névrosé m'a longtemps fait souffrir et culpabiliser, et cela dès ma plus tendre enfance. Mais ce père si ambivalent, qui est en train de s'éteindre au moment où j'écris ces lignes, me parlait aussi d'Averroès quand j'étais enfant, et de l'âge d'or de l'Andalousie musulmane comme d'un temps béni où les Arabes avaient pouvoir et prestige dans le monde entier. C'est sans doute l'une des raisons qui m'ont poussé à devenir professeur de philosophie, pour réparer une identité blessée, restaurer une dignité bafouée, retrouver un honneur perdu. Mon père avait été un misérable orphelin du temps de la colonisation française en Algérie, il n'avait pas eu la chance d'aller à l'école coranique pour apprendre à lire et à écrire l'arabe comme ses petits camarades, et encore moins à l'école « républicaine » des colons. Enfant, il fut une sorte de valet de ferme, de gavroche indigène ballotté de famille d'accueil en famille d'accueil, tandis que son père, qu'il n'eut pas la chance de connaître, fut un homme lettré et respecté dans son village. C'est pourquoi il insista tant pour que ses fils travaillent bien à l'école laïque de l'ancien pays colonisateur, ainsi qu'à l'école coranique du village du haut Beaujolais où nous habitions. Quelle ironie du sort ! Allah m'a fait grandir dans cette région de France où le beaujolpif et le saucisson sont aussi sacrés que le vin de messe et l'hostie à l'église !

J'ai connu deux formes d'école coranique dans ce petit village de la France profonde où j'ai passé mon enfance et mon adolescence : l'une était vraiment scolaire, dans une grande salle prêtée par la mairie, où des dizaines de gosses à la fois indisciplinés et soumis ânonnaient tels des talibans des sourates du Coran, et l'autre plus intime, plus familiale, chez un imam de notre tribu algérienne d'origine qui n'habitait pas très loin de notre HLM. J'ai plus de souvenirs de cette seconde école. Mon père avait acheté pour chacun de ses fils une planche en contreplaqué percée d'un trou dans lequel passait une ficelle en boucle qui permettait d'accrocher à un mur ce cahier de devoirs coranique. Je me souviens particulièrement de l'encre et du calame, un morceau de bambou taillé en pointe, avec lesquels nous écrivions consciencieusement sur nos planches les sourates du Coran que nous devions apprendre par cœur. L'encre était confectionnée par l'imam lui-même avec de la laine de mouton qu'il brûlait puis faisait baigner dans une fiole remplie d'eau, ce qui lui donnait une odeur âcre très particulière. Notre maître en Coran écrivait d'abord à la craie sur un petit tableau la sourate à apprendre, puis nous devions la recopier minutieusement sur nos planches avant de la répéter oralement des dizaines de fois jusqu'à ce qu'elle se grave à jamais dans notre mémoire. Le peu de sourates courtes que je connais encore aujourd'hui, je les ai apprises là, dans cette petite école familiale surchauffée par un poêle à mazout malodorant. Mais cet imam sincèrement dévoué et très sévère ne nous enseignait le Coran qu'en phonétique ! Pour lui, en effet, il était inutile de chercher à comprendre le sens de ce que nous apprenions. Il nous gavait de signifiants sans signifiés pour la seule raison qu'il fallait transmettre la religion ancestrale aux gamins déracinés que nous étions. Et cette transmission passait par ces signifiants arabes aussi mystérieux pour nous que les hiéroglyphes égyptiens avant la découverte de la pierre de Rosette.

Un jour pourtant, j'ai dérogé à la règle tacite qui consistait à ne pas poser de questions à l'imam sur le sens des sourates. Nous étions en train d'étudier la dernière du Coran intitulée « Les Hommes », qui est la deuxième qu'on apprend après la *Fatiha* (l'équivalent du « Notre Père » chrétien). Le livre sacré des musulmans se termine par une série de sourates très courtes, donc plus faciles à retenir pour des enfants que les longs chapitres qui constituent le corps du texte coranique (*sourate* signifie « chapitre », en arabe). Quand on entreprend le long travail de mémorisation du Coran, qui peut durer des années, on commence par la fin. C'est ainsi que cela se pratique dans tous les pays musulmans depuis des siècles.

J'osai donc interroger mon maître en Coran sur cette sourate très particulière qui avait éveillé ma curiosité parce qu'elle contient tout au long de sa récitation une allitération en [s] semblable à celle du célèbre vers de Racine : « Pour qui sont ces serpents qui sifflent sur vos têtes ? » Bien mal m'en prit ! Notre imam me rabroua sèchement en m'intimant l'ordre de continuer à réciter le saint Coran sans chercher à le comprendre. Ce fut en quelque sorte une scène primitive pour moi, au sens psychanalytique : ce jour-là, j'ai cherché pour la première fois à pénétrer le sens caché du texte coranique, mais on m'en interdit l'accès comme si le livre sacré était le corps de ma propre mère. Sacralisation du Coran, au point que le signifiant ait plus de poids que le signifié, que la lettre soit plus sacrée que l'esprit alors qu'elle est censée le véhiculer et le transmettre de génération en génération. Déjà donc dans mon enfance, un premier gardien du temple veillait au sens caché du Coran à ne pas découvrir. Voilà comment je suis entré en islam à l'aube de ma vie, avec une castration orale par la langue de mes ancêtres.

MA CIRCONCISION : UN VIOL DE MON CORPS D'ENFANT

J'ai vécu une autre castration marquante, mais cette fois-ci, elle fut aussi traumatisante physiquement : ma circoncision. Cela s'est passé sur la terre de mes ancêtres algériens, dans un village près de Bou Saâda, une belle oasis millénaire aux portes du Sahara que le peintre français orientaliste et converti à l'islam Étienne Nasreddine Dinet a immortalisée en de très beaux tableaux ethnographiques et érotiques. Mon père était enfin revenu dans ce village après des années d'exil pendant et après la guerre d'Algérie, tel un fils prodigue inversé. En effet, il n'était pas retourné dans la « maison paternelle » pauvre et déguenillé comme le fils de la célèbre parabole évangélique, mais plutôt auréolé de sa « réussite » en France en tant qu'immigré ayant fondé une famille sur le territoire de l'ancien colonisateur. Cela forçait l'admiration au sein de sa tribu, qu'il avait quittée à l'aube de sa vie d'adulte la queue entre les jambes, pauvre et humilié par sa condition d'orphelin illettré et maltraité. Et puis, parmi les offrandes qu'il avait apportées à sa grande famille tribale, comme pour se faire pardonner sa trop longue absence, mais aussi pour vivre une sorte de potlatch algérien prouvant aux yeux de tous sa virilité et sa dignité retrouvées, il avait amené dans ses bagages ses deux premiers fils à circoncire. L'enfant naïf et innocent que j'étais à l'époque ne savait rien de la circoncision, car aucun adulte n'avait pris la peine de lui en expliquer le sens culturel ou religieux. Je ne voyais autour de moi qu'une immense fête et beaucoup de manifestations de joie : gaïtas crachant des sons nasillards envoûtants, bendirs rythmant des danses syncopées de femmes et d'hommes qui entraient parfois dans des transes dionysiaques, détonations viriles des barouds, cornes de gazelles, *makrout*, thé à la menthe et bonbons à foison, le paradis sur terre ! Vint alors le moment où ma vie d'enfant bascula dans un cauchemar dont je me rappelle le moindre détail tant cette autre scène primitive m'a traumatisé. Un homme imposant aux bras très poilus s'est emparé de moi avec un large sourire en me disant de ne pas avoir peur, que tout se passerait bien. Je ne savais absolument pas de quoi il me parlait et pourquoi il me demandait de ne pas avoir peur. J'étais en train de m'amuser comme un fou avec mes frères et des cousins dans cette immense fête qu'on semblait donner en l'honneur de mon père. Tout à coup, un attroupement d'hommes se fit autour du colosse qui me tenait fermement dans ses bras. Parmi ces hommes, mon père. J'ai commencé à avoir très peur, à pleurer, à crier, surtout quand on m'a posé sur le sol et écarté les jambes en soulevant ma gandoura immaculée. Je ne savais pas pourquoi on m'avait demandé de mettre cet accoutrement folklorique, je pensais que c'était un habit de fête, tout simplement. Je vis enfin le circonciseur avec ses instruments et accessoires à même le sol : rasoir, coton, petites bouteilles, flacons... Il souriait, comme mon père, qui me tenait maintenant les jambes écartées très fermement. J'implorais du regard tous ces hommes qui m'encerclaient. Je hurlais de terreur. Mais cela semblait les faire rire. Puis le circonciseur tira sur mon prépuce brutalement en me faisant très mal et le coupa net avec son rasoir. Du sang jaillit immédiatement. Mes hurlements redoublèrent. Le « sacrificateur » mit une poudre blanche sur le bout de mon pénis ensanglanté afin d'arrêter l'hémorragie, fit un pansement à la va-vite et au suivant ! En effet, nous étions plusieurs petits garçons à être « sacrifiés » ce jour-là, comme à l'abattoir.

À l'âge adulte, j'ai fait des recherches pour essayer de comprendre ce rituel archaïque et barbare dont on trouve les premières traces historiques dans l'Égypte antique. J'ai découvert qu'aux débuts de la chrétienté, il y avait eu un débat très tendu au sein de la communauté chrétienne au sujet de la circoncision, tout comme pour l'interdiction de manger du porc, sur laquelle je reviendrai plus loin. C'est saint Paul qui trancha la question, si j'ose dire. Dans sa célèbre Épître aux Romains, il s'adresse à un juif circoncis qui ne respecte pas l'esprit de la Loi de Dieu, selon lui. Le passage de ce texte concernant le sens symbolique de la circoncision est édifiant, c'est pourquoi je me permets de le citer in extenso : « Sans doute la circoncision est utile si tu pratiques la Loi, mais si tu transgresses la Loi, avec ta circoncision tu n'es plus qu'un incirconcis. Si donc l'incirconcis observe les prescriptions de la Loi, son incirconcision ne lui sera-t-elle pas comptée comme circoncision ? Et lui qui, physiquement incirconcis, accomplit la Loi, te jugera, toi qui, avec la lettre de la Loi et la circoncision, transgresses la Loi. En effet, ce n'est pas ce qui se voit qui fait le juif, ni la marque visible dans la chair qui fait la circoncision, mais c'est ce qui est caché qui fait le juif, et la circoncision est celle du cœur, celle qui relève de l'Esprit et non de la lettre. Voilà l'homme qui reçoit sa louange non des hommes, mais de Dieu[1]. »

Saint Paul nous parle d'une « circoncision du cœur », déjà présente dans le Livre de Jérémie de l'Ancien Testament, au sens d'une purification de l'âme et de ses intentions. Cet accès au stade du symbole de la circoncision permet de dépasser le *passage à l'acte* violent et violant. C'est donc avec une intelligence remarquable et beaucoup de justesse que saint Paul permit aux chrétiens d'origine païenne de vivre librement leur foi sans passer par la case circoncision. En cela, ce père fondateur de l'Église chrétienne fut parfaitement au diapason avec l'enseignement de Jésus. En effet, si l'on en croit les Évangiles, quand le Christ s'est attaqué aux pharisiens hypocrites et autres gardiens du Temple de Jérusalem, il ne disait rien d'autre : la foi authentique n'a rien à voir avec le ritualisme et le légalisme bêtes et méchants.

L'enfant musulman que j'ai été, meurtri dans sa chair et son âme le jour de sa circoncision, aurait bien aimé

1. La Bible, Traduction Œcuménique, TOB, Paris, Cerf, 2010.

qu'on lui parle aussi de cette « circoncision du cœur » qui permet d'être un homme bon et juste, tout simplement. Au lieu de cela, c'est tout le contraire que des adultes inconscients m'ont fait. On m'a violenté au nom d'une conception perverse de la religion. Et qu'on ne m'oppose pas le pseudo-argument de la prévention des maladies sexuellement transmissibles, comme d'aucuns le font aujourd'hui aux États-Unis pour justifier cette mutilation parfaitement inutile du corps d'un enfant : pour cela, il y a les préservatifs et la conscience, qui suffisent largement ! Un ami d'enfance qui a eu la très mauvaise idée de se faire circoncire à l'âge adulte, pour parfaire une fausse conversion à l'islam lui permettant d'épouser sa fiancée musulmane, m'a dit un jour à quel point il regrettait cet acte chirurgical qui a réduit sa jouissance sexuelle. Or l'excision, qui consiste à couper le clitoris des jeunes filles, est une mutilation qui a précisément pour finalité de leur interdire la jouissance à vie. Depuis que je réfléchis à ce sujet des mutilations sexuelles, je me suis forgé une idée de plus en plus précise de leurs soubassements inconscients. Pour l'excision et l'infibulation – un acte non moins barbare qui consiste à coudre les lèvres du vagin des jeunes filles en ne laissant qu'un petit « trou » pour pouvoir uriner –, les choses sont parfaitement claires : il s'agit d'interdire à la femme la jouissance sexuelle toute sa vie et la pénétration vaginale avant le mariage. C'est une technique de maîtrise de la sexualité féminine car celle-ci est jugée incontrôlable par essence et donc dangereuse pour la société. Mais pour la circoncision masculine, c'est plus pervers, me semble-t-il, parce qu'elle est enrobée de justifications religieuses et pseudo-scientifiques ou hygiénistes. Du côté du judaïsme, la Torah nous dit que c'est Dieu qui aurait demandé au patriarche Abraham de circoncire tous les mâles de sa famille (dont lui-même alors qu'il était déjà très âgé !) et cela pour symboliser l'Alliance de tous les juifs avec leur Créateur. Ce prophète prêt à égorger son propre fils pour ce même Dieu n'allait pas reculer devant une peccadille sacrificielle pareille. Il s'exécuta immédiatement, nous disent de concert la Bible chrétienne et la Torah juive. Couic ! Tous les mâles de sa tribu sont passés à la casserole le même jour, dont un certain Ismaël, son fils aîné conçu avec une esclave égyptienne et ancêtre supposé des Arabes. C'est pourquoi la famille mahométane lui emboîtera le pas par mimétisme et fidélité à ce patriarche des deux lignées sémites. Depuis, on a coupé des bouts de zizis à une infinité de petits bonshommes auxquels on n'a jamais demandé leur avis puisque c'est Dieu qui le veut. Mais pourquoi diable ce Dieu du monothéisme s'attaque-t-il ainsi au sexe des hommes depuis des siècles ? J'ai ma petite idée sur la question, aujourd'hui...

La circoncision est à l'évidence un acte de castration « symbolique ». Je mets des guillemets à ce dernier mot parce que la castration du prépuce de l'enfant est réelle et non pas seulement symbolique. Il s'agit en effet d'un véritable *passage à l'acte* qui s'inscrit définitivement dans la chair et le psychisme du circoncis. Que symbolise donc cette castration du prépuce de l'enfant mâle ? Pourquoi couper ce bout de chair en particulier ? D'aucuns associent cette mutilation à un rituel de passage de l'enfance à l'âge adulte. Foutaises ! Le bébé juif et l'enfant musulman ne deviennent pas adultes après avoir été mutilés sexuellement sans leur consentement. Non, il y a sûrement autre chose derrière cette coupure partielle de notre pénis. Il y a comme un *avertissement*... L'image qui me vient spontanément, c'est cette scène vue de nombreuses fois à la télévision ou au cinéma, dans des westerns ou des documentaires, sur des élevages bovins : le marquage au fer rouge d'une bête pour l'identifier comme appartenant au *cheptel* d'un *propriétaire*. En coupant mon prépuce d'enfant, les hommes de ma tribu algérienne d'origine ont marqué au fer rouge un « veau » parmi d'autres appartenant à leur « cheptel ». Mais ce cheptel dépasse le cadre de cette tribu, car en réalité c'est surtout celui de l'oumma, de la vaste communauté internationale des musulmans. Pour le petit juif circoncis, il en va exactement de même : le nouveau-né est marqué dans sa chair à peine sorti du ventre de sa mère pour l'identifier tout de suite comme membre d'une communauté fermée sur elle-même. Et une bête marquée n'est pas libre. On impose donc symboliquement aux enfants juifs et musulmans deux propriétaires, voire trois : leur communauté d'origine, leur « Dieu » (il s'agit surtout d'un dieu imaginaire et culturel, à mon sens) et, dans une certaine mesure, leurs propres parents, qui ont accepté de marquer leur chair la plus intime du sceau[2]

2. Circoncision, en arabe, se dit *khatana*, un mot très proche de *khatama*, qui signifie sceau. *Cf.* Sami A. Aldeeb Abu-Sahlieh, *Circoncision. Le complot du silence*, Paris, L'Harmattan, 2003.

de cette double appartenance et les soumettent ainsi à leur propre volonté. Maintenant que tu es circoncis, petit enfant juif ou musulman, tu ne t'appartiens plus, car tu appartiens à une famille biologique, à une communauté religieuse et à « Dieu ». Mais il faut aller encore au-delà de cette symbolique du marquage de la chair au fer rouge. En effet, ce n'est pas n'importe quel bout de chair qui est marqué... Pourquoi le pénis et pas un autre « endroit » du corps ?

Dans son livre *Les Religions, le Sexe et Nous*, Aurélie Godefroy abonde dans mon sens au sujet de la circoncision quand elle questionne son versant judaïque. Dans un paragraphe intitulé ironiquement « Extinction des feux[3] », elle parle d'abord de « techniques » chrétiennes censées contenir la libido masculine, puis elle en vient à une antique « technique » juive : « Le judaïsme a une méthode plus radicale encore pour lutter contre les excès du désir mâle : la circoncision du prépuce. Si le sens de ce rituel a été un peu oublié aujourd'hui, il représentait à la fois un signe d'alliance avec Dieu, mais aussi une sorte de castration soft, un moyen d'empêcher les débordements incontrôlés de la libido. Et les goys sont souvent considérés, dans les textes rabbiniques, comme des hommes "supersexuels" pour avoir conservé ce petit morceau de peau sur leur gland. Le grand philosophe juif Moïse Maimonide (XIIe siècle) insiste sur le fait que la circoncision a pour

3. Aurélie Godefroy, *Les Religions, le Sexe et Nous*, Paris, Le Livre de Poche, 2013, p. 40-41.

but “d’affaiblir l’organe, afin d’en restreindre l’action et de le laisser au repos le plus possible… Le véritable but, c’est la douleur corporelle à infliger à ce membre et qui ne dérange en rien les fonctions nécessaires [à la procréation] […], mais qui diminue la passion et la trop grande concupiscence”. » Pour ma part, je pense que la circoncision est un *avertissement symbolique* transmis à l’enfant par le biais de cette mutilation de l’organe de sa virilité. Quand j’étais enfant, l’une des images de la guerre d’Algérie qui m’a le plus marqué, pour ne pas dire traumatisé, c’est celle montrant la tête coupée d’un homme avec ses organes génitaux castrés dans sa bouche. Cette violence iconique me fait penser à celle que diffusent aujourd’hui sur Internet, de manière extrêmement perverse, les psychopathes de Daech.

Freud a bien repéré ce qu’il a nommé l’« angoisse de castration », probablement parce qu’il était lui-même de culture juive et circoncis. C’est dans un texte posthume du père de la psychanalyse que ce lien entre circoncision et angoisse de castration est affirmé sans aucune ambiguïté : « Nous croyons qu’aux époques primitives de l’humanité, la castration était vraiment pratiquée sur l’adolescent par un père jaloux et cruel. Chez certains peuples primitifs, la circoncision fait très souvent partie des rites de la virilité et tire certainement son origine de l’ancienne castration. Nous savons que notre avis sur ce point s’écarte de l’opinion générale, mais nous soutenons que la peur de la castration est l’un des moteurs les plus fréquents et les plus puissants du refoulement et par là, de la formation des névroses. Notre conviction s'est nettement renforcée lorsqu'il nous a été donné d'analyser des individus chez lesquels on avait pratiqué non pas, bien entendu, la castration, mais la circoncision, soit dans un but thérapeutique, soit pour punir la masturbation[4]. » C'est pourquoi je crois aujourd'hui que ce rituel violent est un moyen d'inscrire durablement dans la chair la plus intime de l'enfant et dans son psychisme cette *angoisse de castration* afin qu'elle agisse en lui comme une crainte permanente de la vraie castration, celle que pourrait lui imposer sa communauté d'origine en cas de désobéissance à ses lois. Le « message » de la circoncision serait donc le suivant : « Si tu ne te tiens pas tranquille, si tu ne respectes pas les lois du groupe auquel tu appartiens maintenant, on te la coupera vraiment ! » D'ailleurs, au lieu de parler d'un *avertissement symbolique*, il serait plus juste de parler d'une véritable *menace symbolique*. Les fanatiques de Daech coupent des têtes, démembrent et mutilent des corps parce qu'ils ne sont pas capables de symbolisation. Leur psychose ne leur donne pas accès au stade du symbole auquel l'islam est pourtant censé les élever. Au lieu de « couper les têtes » de leurs propres pulsions destructrices, comme l'enseigne la tradition soufie par exemple, ils castrent et mutilent les corps d'« ennemis » imaginaires. Leur conception littéraliste de l'islam ne leur permet pas d'accéder à la symbolisation. Mais en réalité, c'est un

4. Sigmund Freud, *Nouvelles Conférences d'introduction à la psychanalyse*, « Quatrième conférence. L'angoisse et la vie instinctuelle », Paris, Gallimard, coll. « Folio essais », 1989.

problème auquel beaucoup de musulmans sont confrontés aujourd'hui et qui dépasse le cadre de cette secte monstrueuse. C'est ce que j'appellerai le défaut de symbolisation des musulmans.

Lors de ma dernière année d'enseignement dans un lycée drômois avant d'être recruté au lycée Averroès, j'ai osé parler un jour de ma circoncision à une classe de terminale. Je faisais un cours sur la notion de culture à partir d'un texte de Hegel qui parle des transformations que l'homme peut faire subir à son propre corps, comme les scarifications, les tatouages, etc. Puis j'en vins à poser la question de la distinction entre scarification et mutilation. C'est à ce moment-là du cours que je me mis spontanément à parler de ma propre circoncision, pour la première fois de ma carrière et à une classe constituée seulement de filles. Je me souviens du regard médusé de mes élèves écoutant leur professeur de philosophie leur parler de cette mutilation traumatisante qu'il avait vécue enfant. Quand je finis mon récit, l'une d'entre elles prit la parole pour nous parler d'un film qui traitait de l'excision et de l'infibulation d'une petite fille somalienne, dont le titre était *Fleur du désert*. Je proposai alors à ma classe de voir ce film ensemble. Le jour où nous le vîmes, je ressentis une grande émotion. Et bien sûr, la scène qui me marqua le plus fut celle de l'excision, parce que j'y retrouvai ma propre circoncision : l'écartement forcé des jambes, la lame de rasoir, la douleur intense, le sang qui gicle, les gâteries hypocrites avant l'acte, la fièvre causée par l'infection après la boucherie...

Fleur du désert est un film d'une grande intensité. C'est l'histoire vraie et pourtant incroyable d'une adolescente somalienne musulmane qui a eu le courage de fuir une famille et une culture qui avaient mutilé son sexe d'enfant de trois ans et qui voulaient la forcer à se marier à treize ans avec un vieil homme qui « possédait » déjà trois femmes. C'est le récit de sa longue traversée du désert, au propre comme au figuré, pour devenir une femme libre et respectée. C'est un conte de fées moderne qui nous montre comment cette Cendrillon africaine s'est transformée en mannequin célèbre grâce à des rencontres providentielles et après de nombreuses épreuves, dont six années d'esclavage domestique à l'ambassade londonienne de Somalie. S'appuyant sur sa notoriété internationale de top model, cette grande dame a depuis créé une fondation pour lutter contre l'excision des petites filles dans le monde entier. Son nom est Waris Dirie.

« DIEU EST CON ! »

Ce n'est qu'au lycée, en classe de seconde, que j'ai pu enfin accéder à un coran bilingue et découvrir un début de sens derrière les signifiants sans signifiés que j'avais appris par cœur. Enfant et adolescent, j'ai vécu la religion de mes ancêtres comme une culture ou une coutume transmise de génération en génération depuis des siècles. On était musulman de naissance, un point c'est tout. Avant de s'endormir, il fallait dire la *chahada*, la profession de foi qui constitue le premier pilier de l'islam : « *la ilah ila Llah, Seydna Mouhammed rassoul Allah* », qui signifie : « Il n'y a d'autre dieu que Dieu et notre Seigneur Mohamed est le messager de Dieu. » Il fallait prier cinq fois par jour parce que c'est le deuxième pilier de l'islam, mais pour l'enfant que j'étais, la prière consistait surtout à faire des gestes de manière mécanique sur un tapis et à réciter des sourates en phonétique sans en comprendre le sens. J'ai donc rapidement délaissé ce deuxième pilier, d'autant que mes parents n'étaient eux-mêmes pas très respectueux de cette « obligation ». Je me souviens d'une expérience troublante en lien avec cette prescription religieuse : j'étais en train de « prier » sur mon tapis quand une voix imposante se fit entendre en moi pour me dire... « Dieu est con ! », et cela plusieurs fois, à tel point que je ne pus continuer ma « prière ». Évidemment, avec la grille de lecture religieuse que mes parents m'avaient transmise, cette parole sacrilège ne pouvait venir que du diable. Je me mis à invectiver ce *sheytan*[1] en moi qui osait insulter Allah tandis que j'étais en pleine prière et je lui lançai même avec emphase, tel Job face à son Adversaire : « Vas-y ! Fais tout ce que tu veux pour me faire perdre ma foi ! Tu n'y arriveras jamais ! » En écrivant ces lignes près de quarante ans plus tard, je me souviens que mon père nous interdisait formellement de prononcer le mot « con » à la maison, et si jamais l'un de ses fils transgressait cet interdit, il avait droit à une raclée. Car mon père était violent avec ses enfants, à tel point qu'il avait confectionné dans son usine, où il était ouvrier tisseur, une espèce de ceinture en cuir très épais pour nous corriger, le martinet classique n'étant pas assez performant à son goût. Ce symbole de sa toute-puissance était accroché bien en évidence sur un mur de la salle à manger de notre appartement afin de nous remémorer quotidiennement qu'il était le « Seigneur de la maison », *rabb el beyt* en arabe. Il n'est point besoin de s'appeler Freud pour comprendre ce que voulait dire cette voix en moi qui me répétait en pleine « prière » : « Dieu est con ! Dieu est con ! » L'inconscient fait ce qu'il peut pour se frayer un passage jusqu'à la conscience et, parfois, il n'y va pas par quatre chemins.

1. Diable, en arabe.

Il y avait d'autres « symboles » affichés aux murs de notre appartement. Dans notre salon, mon père avait accroché, pêle-mêle, un fanion de l'Organisation de libération de la Palestine (OLP), un portrait encadré de Gamal Abdel Nasser (l'un de mes frères porte ce nom parce qu'il est né six mois après la mort du raïs) et deux poignards croisés, car mon père se définissait comme nationaliste panarabiste, c'est-à-dire comme une sorte de militant d'extrême droite arabo-musulman. Pendant la guerre d'Algérie, il avait été membre actif, à Lyon, du Mouvement national algérien (MNA), le parti indépendantiste de Messali Hadj. Mais il avait été condamné à mort par son propre camp pour trahison lors de la guerre fratricide entre le MNA et le Front de libération nationale (FLN) qui ensanglanta les rues de Lyon à la fin des années cinquante. Il aimait à nous raconter qu'il avait échappé à cette condamnation à mort grâce à Messali Hadj en personne, qu'il était allé rencontrer clandestinement dans sa résidence surveillée par la police française à Gouvieux, dans l'Oise. Effectivement, dans notre album de famille, nous avions des photographies en noir et blanc qui attestaient une rencontre entre mon père et cette légende vivante de la lutte indépendantiste algérienne. Une sacrée fierté familiale. Il se vantait aussi d'avoir fait un discours enflammé à la Bourse du travail de Lyon, aux côtés de Jacques Duclos, secrétaire national du Parti communiste français à l'époque. Il aimait donc la politique et était farouchement antisioniste. Mais cet antisionisme allait de pair avec un antisémitisme viscéral.

Quand, à l'aube de mon adolescence, j'ai enfin pu lire un coran traduit en français, j'ai découvert à ma grande surprise que le livre sacré des musulmans ne cesse de parler de prophètes... juifs ! Noé, Job, Jonas, Abraham, Loth, Jacob, Isaac, Ismaël, Joseph, Salomon, David, Moïse, Aaron, et même Jésus et Jean le Baptiste, ainsi que leurs parents respectifs, Marie et Zacharie ! Étonné par ce qui m'apparut comme une contradiction insoutenable entre le texte coranique et l'antisémitisme haineux de mon père, j'osai un jour l'interpeller sur ce sujet. Il me fit cette réponse mémorable : « Avant le prophète Mohamed, les juifs étaient bien, mais après ils ont changé, ils sont devenus mauvais. » Je ne fus évidemment pas convaincu par cet « argument » paternel. Mais je commençai à comprendre avec étonnement l'un des fondements de ce que j'ose appeler aujourd'hui l'*antisémitisme islamique*, si présent dans nombre de familles musulmanes depuis des siècles, et à notre époque plus que jamais hélas. La pseudo-argumentation ad nauseam de cet antisémitisme islamique est la suivante : les juifs n'ont pas reconnu Mahomet comme un authentique prophète de Dieu à l'époque de la révélation coranique et sont devenus, de ce fait, les ennemis jurés de l'islam – ils ont cherché à le tuer, à l'empoisonner, à étouffer sa nouvelle religion dans l'œuf, ils ont effacé de leur Torah l'annonce de sa venue en tant que « Sceau des prophètes » monothéistes, ils complotent pour nuire aux musulmans et détruire leur religion depuis quatorze siècles, etc. Il est intéressant de noter au passage que l'antisémitisme chrétien était (est encore ?) fondé sur le même type de pseudo-argumentation : les juifs ont été qualifiés de déicides pendant des siècles de chrétienté parce qu'ils auraient été à l'origine de la crucifixion de Jésus, et le nom de l'apôtre qui aurait vendu la vie de Jésus contre quelques pièces d'argent a été associé à la religion juive à cause de sa consonance avec le mot « judaïsme » et de la vénalité supposée de tous les juifs. Il y a donc une paranoïa identique à l'œuvre dans l'antisémitisme chrétien et l'antisémitisme islamique. Et les nazis ont utilisé le même ressort paranoïaque pour justifier leur folie exterminatrice. Pour « étayer » son antisémitisme, mon père m'a également confié cette anecdote quand j'étais enfant : à Alger, du temps de la colonisation française, il avait travaillé toute une nuit dans une boulangerie dont le propriétaire était juif et il avait été « rétribué » à l'aube avec quelques gâteaux enveloppés dans du papier. Cette expérience, certes amère et humiliante, était la preuve irréfutable pour mon père que le juif est foncièrement et irrémédiablement fourbe et radin. Mais il avait un autre ennemi juré : la femme.

Pour illustrer sa misogynie tout aussi viscérale que son antisémitisme, il m'a raconté dans mon enfance une espèce de conte issu de sa culture maghrébine. C'est l'histoire d'un couple que le diable essaye de briser dans son foyer. Le mari ne parvenant pas à se débarrasser de ce *sheytan*, c'est sa femme qui va réussir à le faire en le provoquant ainsi : « Toi qui te prétends si fort, si puissant, je fais le pari que tu ne pourras jamais entrer dans la bouteille que voici ! » Alors l'ennemi du genre humain, piqué dans son orgueil et pour prouver sa toute-puissance à cette insolente, se précipite à l'intérieur de la bouteille, et la maligne épouse n'a plus qu'à refermer le piège sur lui avec un simple bouchon. Moralité de cette fable très emblématique de la misogynie maghrébine : la femme est plus rusée que le diable lui-même, il faut donc s'en méfier davantage...

Un autre conte de la même farine alimente cette misogynie que je n'hésite pas à qualifier de culturelle et que mon père relayait évidemment dans l'éducation qu'il donnait à ses fils. Il se présente sous la forme d'un syllogisme très pervers : Allah a créé Ève à partir d'une côte d'Adam, or une côte est dure et courbe, il est donc impossible pour l'homme de redresser une femme sans risquer de la briser. Conclusion de ce hadith[2] très répandu en terre d'islam : les hommes ne pourront jamais faire quelque chose de droit de ces créatures foncièrement tordues que sont les femmes. Mais le comble de la perversité, c'est que cette parole attribuée au Prophète est présentée souvent comme une incitation à la douceur avec les femmes. Comme elles sont irrémédiablement tordues, ne les brusquez pas trop quand vous cherchez à les redresser, sinon vous risqueriez de les briser ! Tandis que pour Emmanuel Kant, cet immense philosophe humaniste de l'Aufklärung[3], c'est toute l'humanité qui peut être comparée à un bois tordu dont il est impossible de faire quelque chose de parfaitement droit, et non pas seulement la gent féminine,

2. Un hadith est une parole ou un acte attribué à Mahomet.

3. Le siècle des Lumières allemand.

comme des millions de musulmans le croient encore aujourd'hui. Et puis pourquoi faudrait-il que tout être humain devienne parfaitement droit ? Pourquoi cette phobie de la courbe ? N'est-elle pas typiquement masculine, au fond ? Mon individuation, au sens que Jung a donné à ce terme, m'a appris à concilier courbe et droite, féminin et masculin, yin et yang…

GRANDEUR ET MISÈRE DU RAMADAN

Quand je fouille dans ma mémoire pour en faire émerger de bons souvenirs liés à ma pratique de l'islam dans mon enfance, je pense surtout au mois de ramadan et à la fête qui le ponctue, l'*Aïd al-fitr*. Ma mère nous réveillait, mes frères et moi, juste avant l'aube avec une certaine tendresse parce qu'elle nous arrachait à un sommeil profond. Nous nous levions tels des somnambules et allions nous asseoir à la table de la salle à manger, où étaient déjà posés de la semoule de couscous enrichie de sucre et de raisins secs, du lait cru qu'un paysan du coin nous livrait chaque jour, du *l'ben* (un lait caillé très apprécié pendant le mois sacré), des fruits, des fromages, des galettes algériennes que ma mère faisait elle-même... Bien souvent, un fou rire irrépressible nous venait en mangeant, car, étant à moitié endormis, nous pouvions faire des lapsus ou avoir une moue comique. Puis nous nous rincions la bouche rapidement et nous rendormions un peu avant d'aller au collège ou au lycée à jeun jusqu'au crépuscule. J'ai remarqué que dans beaucoup de familles musulmanes, il y a la même émulation entre les enfants et les adultes pour faire le ramadan. Un enfant musulman peut vouloir jeûner pour faire comme les grands, pour prouver sa bravoure à ses parents, qui sont alors très fiers de lui. Pratiquer le ramadan est ainsi une preuve de courage, mais peut-être surtout le signe fort d'une appartenance à un groupe : à sa famille biologique, au pays d'origine de ses parents (l'Algérie, le Maroc, la Tunisie, la Turquie, le Sénégal, le Mali, etc.) et à la communauté musulmane internationale, la fameuse oumma, qui n'existe en réalité que dans un grand fantasme collectif. L'enfant musulman peut jeûner quelques jours seulement durant le long mois sacré, c'est alors comme un premier galop d'essai, un entraînement pour les prochaines années. Je me rappelle que des adultes musulmans de notre entourage, dont l'imam qui m'a appris quelques sourates du Coran en phonétique, affirmaient qu'il fallait faire le ramadan à partir du moment où notre pubis se couvrait de poils. Un étonnant critère pour déterminer l'âge auquel un adolescent peut jeûner tous les jours pendant un mois entier, d'autant plus que le ramadan obéit à un calendrier lunaire et peut donc tomber en pleine canicule estivale avec des journées qui n'en finissent pas et des nuits très courtes. Mais le légalisme et le ritualisme n'ont que faire de ce genre de subtilités...

Je me souviens aussi des odeurs associées aux repas de rupture du jeûne et tout particulièrement de l'odeur savoureuse de la *chicha*, cette soupe à base de blé concassé, de tomates et de viande d'agneau parfumée à la coriandre. Pour l'enfant que j'étais, c'était vraiment l'odeur principale du mois de ramadan, son parfum essentiel, et aujourd'hui encore c'est en quelque sorte ma madeleine de Proust islamique ! D'ailleurs, quand bien des années plus tard je reprendrai la pratique de ce quatrième pilier de l'islam, je ferai moi-même cette fameuse *chicha* qui m'enchanta les papilles et les narines dans mon enfance.

Pour tout dire, les repas du ramadan sont associés à ma mère dans ma mémoire psychologique et émotionnelle. En effet, durant ce mois sacré, les mamans musulmanes sont plus nourricières que jamais et pour cause ! On arrive affamé, assoiffé et épuisé à l'approche du crépuscule devant une table opulente, et il faut encore attendre l'*adhan*[1] du muezzin avant de pouvoir se jeter sur la nourriture. C'est pourquoi la mère, qui a préparé toutes ces victuailles délicieuses, ne peut être perçue par ses enfants que comme une véritable déesse nourricière. La maman devient une incarnation féminine d'Allah Lui-même. Je dis cela avec un brin d'humour, mais il y a vraiment quelque chose de cet ordre, je crois, sur le plan symbolique.

Autant ma mère m'évoque une déesse nourricière pendant les mois de ramadan, autant mon père représente, là encore, une statue du commandeur austère et menaçante. J'ai le souvenir d'un jeûne commun avec mes parents en Algérie il y a quelques années. J'étais venu tout spécialement dans leur maison construite sur la terre de nos ancêtres aux portes du Sahara pour passer le mois sacré avec eux. C'était l'été, la chaleur était suffocante et les appareils de climatisation fonctionnaient très mal à cause de l'hyperconsommation d'électricité.

1. L'appel à la prière au moment du coucher du soleil.

Mon père étant déjà nerveux naturellement, pendant le mois de ramadan son acrimonie devenait exponentielle, explosive. Un jour, j'ai osé lui faire une remarque sur sa nervosité excessive juste avant une rupture du jeûne, mais il m'agressa verbalement et coupa court à toute discussion possible. Je voulais simplement lui dire que cette nervosité redoublée pendant le mois sacré était anormale, non conforme à l'islam tel que je le concevais. Et je pensais intimement que ses quatre pèlerinages à La Mecque ne l'avaient pas changé, qu'ils n'avaient servi strictement à rien, et même, pis, qu'ils avaient probablement renforcé son orgueil tout aussi « naturel » que son irritabilité. En effet, comme beaucoup de chibanis de sa génération, il arborait fièrement sa chéchia blanche prouvant aux yeux de tous qu'il était un hadj, qu'il avait fait le pèlerinage à La Mecque, ce cinquième pilier de l'islam. Où va se loger l'orgueil… Je sais, bien sûr, que mon père n'a pas eu la chance comme moi d'aller à l'école et qu'il a tout fait pour que ses enfants reçoivent l'éducation et l'instruction dont il a été privé. C'est pourquoi je ne peux lui en vouloir d'avoir été aussi ignorant de sa propre religion. J'en veux plutôt à tous les imams qu'il a écoutés religieusement pendant des décennies dans des mosquées de France et d'Algérie ou à la télévision, et qui ont failli dans leur mission de lui transmettre un islam éclairé. Il est là le problème fondamental de l'islam aujourd'hui : que transmettent aux millions de musulmans que compte notre planète les milliers d'imams qui ont la lourde responsabilité de les éduquer spirituellement ? Quel islam contribuent-ils à diffuser dans leur esprit et leur cœur ? Un islam éclairé par la raison et qui permet tout simplement de devenir un homme juste et bon, ou bien un islam légaliste et ritualiste qui produit des automates dénués d'esprit et de conscience ? Ces questions sont cruciales pour notre époque et notre avenir, en France comme dans tous les pays du monde où il y a des mosquées et des musulmans.

MON PÈRE ÉGORGEUR ET LE PATRIARCHE ABRAHAM

Mon père était aussi un égorgeur. Un égorgeur d'animaux de toute sorte : dinde, poule, poulet, lapin, agneau, bélier, brebis, et même un pauvre petit chevreau que ma mère avait nourri et qu'elle ne parvint pas à manger après avoir été forcée de le cuisiner. Elle garda la peau duvetée de ce petit animal pour pouvoir la caresser parfois en pleurant. Peut-être pleurait-elle ainsi parce qu'elle avait été contrainte d'abandonner l'un de ses fils à Alger, fruit d'un « mariage » en pleine guerre d'Algérie avec un officier de l'armée française, et que ce pauvre petit chevreau lui rappelait le sacrifice de son propre enfant ? Mais revenons à mon père égorgeur. Il aimait ses grands couteaux tranchants comme des rasoirs, il aimait les affûter méticuleusement avec une pierre à aiguiser. Et il aimait faire cela tout particulièrement devant ses fils. À l'âge adulte, j'ai découvert avec beaucoup d'intérêt une gouache de Chagall (au musée national Message biblique de Nice, devenu depuis le musée national Marc Chagall) qui représente le patriarche Abraham dominant de sa longue barbe et de sa corpulence paternelle un jeune Isaac nu et imberbe, pour ne pas dire féminin, qu'il s'apprête à sacrifier. Mais ce qui a le plus attiré mon attention dans cette peinture, c'est que le patriarche sacrificateur porte une bougie éclairée dans sa main droite et un grand couteau pointu dans sa main gauche. J'ai instantanément pensé à mon père égorgeur. Dieu merci, tout comme Abraham avec sa progéniture masculine, il n'est pas allé jusqu'à égorger l'un de ses fils (bien qu'un jour, il osa me souhaiter la mort à cause de mon « apostasie », comme je l'ai déjà mentionné) ; mais en sacrifiant des animaux avec eux – parce qu'il fallait les tenir avec lui par les pattes, les ailes ou la tête, avant l'égorgement –, il leur signifiait à chaque fois qu'il était un égorgeur aguerri, qu'il maîtrisait l'art d'utiliser le couteau et qu'il avait pouvoir de vie ou de mort sur les créatures qu'il immolait. C'est pourquoi je ne peux m'empêcher d'associer ces deux images sur le plan symbolique : l'égorgement d'animaux et la circoncision de petits garçons. Dans les deux cas, c'est toujours la lame masculine qui est à l'œuvre, symbole d'une virilité toute-puissante qui domine des créatures jugées inférieures...

Dans la peinture biblique de Chagall, on voit toute l'ambivalence du patriarche Abraham : une main gauche donneuse de mort, une main droite porteuse de lumière. Je pense que ce peintre génial a compris l'essentiel de ce mythème commun aux trois grandes religions monothéistes. Concernant mon père, mon ex-compagne m'a dit un jour cette chose très juste : « Il avait une main qui te nourrissait, qui t'aimait, qui prenait soin de toi, et une main qui te frappait, te maltraitait, te menaçait. » Il y a dans cette phrase toute l'ambivalence possible d'un père à l'égard de son fils. Freud et, dans son sillage, Melanie Klein ont mis l'accent sur l'ambivalence des sentiments de l'enfant vis-à-vis de ses parents, avec la fameuse théorie kleinienne du bon et du mauvais sein et la rivalité père-fils dans la théorie freudienne du complexe d'Œdipe. Dans ces deux cas, l'ambivalence provient de l'enfant lui-même : c'est lui qui aime ou déteste sa mère selon Klein, c'est le fils qui est en rivalité avec le père selon Freud. La clinique psychanalytique est ici centrée sur l'enfant. Or, pendant des années, j'ai expérimenté dans l'amertume et la souffrance ce que je dois bien appeler la jalousie ou la rivalité de mon père à mon encontre. L'éthologie nous montre sans équivoque aujourd'hui cette rivalité qui peut se révéler mortelle entre mâles dominants et jeunes mâles toujours en danger d'être éliminés. Mais cela se passe dans le monde animal.

À propos du fameux non-sacrifice d'Isaac par son père, Abraham – ou d'Ismaël pour les musulmans, car même sur ce sujet juifs et musulmans n'arrivent pas à se mettre d'accord –, il y a une littérature très abondante. Je me souviens qu'un jour, un dominicain aumônier d'un lycée catholique où je travaillais m'a conseillé de lire *Le Sacrifice interdit*, de Marie Balmary[1]. Dans ce livre, qui eut un certain succès après sa publication, cette psychanalyste essaye de montrer que le

1. Marie Balmary, *Le Sacrifice interdit. Freud et la Bible*, Paris, Le Livre de Poche, 1995.

mythème abrahamique pose l'interdiction absolue pour le père de tuer son fils. Mais est-ce aussi simple ? J'ai trouvé dans l'ouvrage d'un autre psychanalyste, Fethi Benslama, intitulé *La Psychanalyse à l'épreuve de l'islam*, une piste de réflexion qui me semble bien plus féconde et ouverte que celle proposée par Balmary. Benslama se réfère au grand maître soufi Muhieddine Ibn Arabi, qui eut une interprétation très originale du non-sacrifice du fils d'Abraham. J'ai appris grâce à ce psychanalyste d'origine tunisienne que dans le Coran, Dieu ne demande absolument pas à Abraham d'égorger son fils. Depuis mon enfance, j'entends des musulmans affirmer que cette demande d'infanticide insensée viendrait de Dieu, et pour donner du sens à cette ineptie, ces mêmes musulmans précisent que ce fut une épreuve pour le patriarche, une sorte de test de sa foi par Allah. Quelle lecture simpliste et tronquée du Coran ! Voici le problème de beaucoup de musulmans : ils ne lisent pas correctement ou attentivement leur propre livre sacré. Les versets de la sourate « Les Rangs[2] », évoquant cette célèbre scène primitive commune aux trois grands monothéismes, disent tout autre chose que cette interprétation traditionnelle transmise de génération en génération depuis des siècles : « Nous lui annonçâmes alors que son foyer serait égayé par la naissance d'un garçon plein de sagesse. Et lorsque l'enfant fut en âge d'accompagner son père, celui-ci lui dit : “Mon cher

2. Mohammed Chiadmi, *Le Noble Coran. Nouvelle traduction française du sens de ses versets*, Tawhid, 2011. Toutes les citations coraniques qui suivront proviennent de cette traduction.

fils ! J'ai vu en songe que je t'immolais. Vois ce qu'il y a lieu de faire !" "Père, dit l'enfant, fais ce qui t'est ordonné. Tu verras, s'il plaît à Dieu, que je suis de ceux qui savent s'armer de patience dans l'épreuve." » Et un peu plus loin dans la même sourate : « Tu as cru à ta vision ! C'est ainsi que Nous récompensons ceux qui font le bien. En vérité, ce fut là une bien rude épreuve. Nous rachetâmes l'enfant par une offrande de grande valeur. Et Nous perpétuâmes son renom dans les générations ultérieures. Paix sur Abraham ! » Voici ce que dit Fethi Benslama de la première séquence de ce mythème abrahamique évoquant un rêve du patriarche : « "Mon cher fils, je me vois en songe en train de t'immoler." Cette phrase mise dans la bouche d'Abraham indique que, dans la version coranique, Dieu ne demande ni n'ordonne directement à Abraham d'immoler son fils. Le désir sacrificiel est localisé dans le rêve. Abraham rêve et accomplit dans le rêve le désir d'immoler son fils. Au réveil, encore sous l'effet de sa vision (le Coran met bien le verbe "voir" au présent), il veut mettre à exécution ce qu'il s'est vu faire dans son rêve. À l'évidence, l'interprétation du sacrifice est située dans un autre registre, dès lors que c'est dans le rêve du père (Abraham) que le désir meurtrier du fils surgit, et non point selon un ordre de Dieu[3]. » Puis le psychanalyste, se référant au maître soufi Ibn Arabi, avance l'hypothèse tout à fait sensée d'une erreur d'interprétation d'Abraham : « La substitution sacrificielle

3. Fethi Benslama, *La Psychanalyse à l'épreuve de l'islam*, Paris, Flammarion, 2004.

est un rattrapage in extremis d'une faute d'interprétation qui serait devenue un infanticide. » Je ne partage pas l'interprétation d'Ibn Arabi, qui considère que le véritable objet du sacrifice exigé de Dieu serait Abraham lui-même, je le cite : « L'enfant est l'essence de son générateur. Lorsque Abraham vit dans un songe qu'il immolait son fils, il se vit en fait se sacrifier lui-même. » Je pense plutôt que le vrai sens du rêve du patriarche était qu'il devait consacrer à Dieu son fils et toute sa descendance, c'est-à-dire faire de tous ses descendants de purs monothéistes, de fidèles serviteurs du Dieu unique, ceux que le Coran nomme *hanif*. Mais je partage avec Benslama et Ibn Arabi cette idée très juste, corroborée par le texte coranique lui-même, d'une erreur d'interprétation d'Abraham du message divin. C'est un cas patent de ce que j'ai déjà appelé précédemment le *défaut de symbolisation*.

Mais il y a une autre erreur fondamentale commise également par des millions de musulmans depuis des siècles : où ont-ils vu dans le texte coranique qu'il était question d'égorger un mouton en remplacement du fils sauvé in extremis ? Là encore, aussi étonnant que cela puisse paraître, le Coran ne parle absolument pas d'un quelconque animal à sacrifier à la place d'Isaac ou d'Ismaël ! Voici ce que dit exactement le texte à propos de cette autre séquence importante du mythème abrahamique : « Nous rachetâmes l'enfant par *une offrande de grande valeur*[4]. » Comment peut-on penser

4. Les termes arabes exacts sont *dabh 'adim*, qu'on peut traduire aussi par « grand sacrifice ».

une seconde qu'une offrande de grande valeur censée racheter la vie d'un enfant puisse être un mouton ? C'est la tradition islamique, la « sunna », qui oblige tous les ans des millions de musulmans à sacrifier un mouton le jour de l'*Aïd al-Adha*, cette fameuse fête du Sacrifice commémorant le mythème abrahamique, mais pas le Coran. Je suis intimement convaincu que le texte sacré de l'islam nous parle de tout autre chose que d'un mouton à sacrifier en remplacement d'un fils. Lors d'une conférence donnée à la Maison de l'Afrique de Montréal à l'occasion de cette fête le 6 novembre 2011, le cheikh Khaled Bentounès, un maître soufi contemporain, a tenu des propos d'une grande justesse sur le symbolisme du sacrifice abrahamique. Selon lui, il ne s'agit évidemment pas d'égorger une fois l'an un animal, comme se contentent de le faire des millions de musulmans sans aucune réflexion ni recul critique et de manière mécanique et ritualiste. Non, il s'agit bien plus de sacrifier son ego pour le mettre au service des autres et de la société dans laquelle on vit, c'est-à-dire sacrifier son arrogance, son orgueil, son égoïsme, son agressivité, sa méchanceté, sa jalousie, sa vanité, son avarice… Pourtant, c'est tout le contraire que vivent nombre de musulmans ! En effet, combien sont fiers d'arborer, le jour de l'*Aïd al-Adha*, leur bélier puissant et onéreux qu'ils s'apprêtent à égorger. Avoir un mouton à sacrifier ce jour-là est une fierté, et ne pas en avoir est une honte, voire un déshonneur.

Combien de brebis, d'agneaux et de béliers ai-je dû tenir avec mes frères pour le sacrifice de l'*Aïd* ! Pour mon père, égorger un animal était donc un acte de virilité et ses couteaux, des appendices de cette sacro-sainte virilité si vénérée dans la culture maghrébine. Aujourd'hui, avec le recul de la réflexion, je peux dire que c'est une véritable idole pour nombre de Maghrébins et d'Arabes, comme un phallus adoré à la place d'Allah de manière totalement inconsciente. Mon père achetait illégalement ses moutons chez des paysans des environs de notre village. L'abattage et le dépeçage se faisaient chez le paysan, qui mettait à notre disposition un coin d'étable avec un robinet à portée de main et des cordes pour attacher l'animal. Il fallait déjà attraper le bélier ou la brebis dans un enclos, c'était une espèce de rodéo qui amusait à chaque fois mes frères. Moi, j'avais plutôt peur de ces animaux, pourtant bien plus effarouchés que farouches… Puis on attachait fermement les pattes du mouton avec une corde. Ensuite venait l'égorgement. C'était toujours un moment très tendu. Le patriarche sacrificateur marmonnait une formule religieuse en arabe puis tranchait la gorge de l'animal. Le sang giclait de toute part dans un premier temps, puis la bête se débattait violemment, réflexe de survie désespéré, et se vidait rapidement de son sang dans d'ultimes soubresauts nerveux. Venait la séance de « gonflage » du mouton : mon père perçait un trou sous la peau d'une de ses pattes puis le gonflait avec sa bouche à partir de cette petite fente tel un ballon de baudruche. Cette technique permet de décoller la peau pour faciliter le dépouillage. Ensuite il dépiautait l'animal méthodiquement à l'aide d'un petit couteau bien aiguisé et de son poing, qu'il enfonçait profondément sous la peau encore chaude. Venait enfin le moment le plus écœurant : l'ouverture des entrailles. Le mouton dépouillé était accroché à une poutre, tête en bas. L'odeur âcre d'excréments et de viscères envahissait mes narines et provoquait en moi, à chaque fois, un haut-le-cœur. Je m'arrêterai là pour la description des multiples sacrifices d'animaux que j'ai dû vivre. Je veux surtout mettre l'accent sur l'association, dans ma famille, entre la virilité masculine et ces pratiques d'égorgement, de dépouillage et de dépeçage d'une bête. Mes quatre frères ont repris le flambeau de ce rituel typiquement masculin dans la culture maghrébine, et cela sur le territoire français et de manière totalement illégale puisque tout abattage doit se faire dans un lieu agréé par l'État, pour des raisons évidentes d'hygiène. Pour ma part, j'ai toujours refusé d'égorger une quelconque bête. À chacun son métier, je ne suis ni abatteur ni boucher. J'ai vu un jour l'un de mes frères initier son propre fils – de la troisième génération, donc – à ce rituel masculin. Le pauvre garçon avait l'air totalement écœuré, mais ne pas le faire avec son père, ses oncles et ses cousins germains aurait été une preuve de faiblesse. Et voilà comment on pervertit un rituel religieux déjà lui-même fondé sur une mauvaise interprétation du Coran. C'est une perversion au carré.

Durant l'été 1994, j'ai voulu regrouper ma famille dans un grand gîte rural près d'Albi et des pittoresques gorges du Tarn. J'étais très heureux d'organiser ces retrouvailles estivales. Mes parents étaient venus d'Algérie spécialement pour ces vacances en famille, mon père ayant décidé de rentrer au pays avec ma mère et le benjamin de la fratrie dès le début de sa retraite, en 1991. L'Algérie était déjà à feu et à sang à cause de la guerre civile déclenchée par les islamistes du Front islamique du salut (FIS), que l'armée avait évincés du pouvoir après leur victoire aux élections législatives en 1991. Quelle ironie du sort ! Mon père prit sa retraite d'ouvrier tisseur après quarante années de travail en France au moment où le pays pour lequel il s'était battu et avait risqué sa vie entrait en guerre civile. Comble de malchance, la première maison qu'il avait construite dans une lointaine banlieue d'Alger (pour vivre le fameux mythe du retour en famille au pays d'origine) se trouvait au cœur de ce qui fut appelé à l'époque « le triangle de la mort », un espace géographique délimité par les trois communes de Sidi Moussa, Larbaâ et Baraki, où pullulaient les islamistes et où leurs accrochages avec l'armée étaient d'une extrême violence. Réunir ma famille dans l'Aveyron en cet été 1994, c'était aussi mettre à l'abri mes parents pendant cette parenthèse estivale. Dans leur maison algéroise, ils étaient parfois réveillés en pleine nuit par des perquisitions sauvages de « ninjas », ces militaires habillés et cagoulés de noir qui cherchaient à débusquer des islamistes dans les maisons du « triangle de la mort », mais qui pratiquaient aussi la rapine en toute impunité sous couvert de lutte contre le terrorisme. Mon père perdit ainsi un bel appareil photographique que son patron lui avait offert pour sa retraite. Et puis il y avait parfois des accrochages entre l'armée et les islamistes dans leur rue, sous leur balcon, avec des balles perdues dans la façade de leur maison, des têtes coupées posées sur les trottoirs, un voisin assassiné parce qu'il avait osé dire du mal des « barbus », une jeune femme du quartier égorgée parce qu'elle avait refusé de mettre le voile... Un véritable cauchemar quotidien pour mes pauvres parents et leur benjamin.

Le gîte aveyronnais, une grande bâtisse ancienne avec pierres apparentes de couleur ocre, était très beau. Il y avait assez de chambres pour mes frères et leurs familles respectives, mes parents, ma compagne et moi avec notre première petite fille. Je me faisais une joie de vivre ce moment avec ceux que je considérais encore comme les miens. Mais ces vacances ont vite tourné au vinaigre. Je n'avais pas pensé une seconde que se poserait le problème de l'alimentation halal pour mes parents et mes frères, car je n'étais plus pratiquant depuis des années à l'époque. Or l'Aveyron et le Tarn sont des départements français où les moutons abondent, ce qui n'avait pas échappé à mon père ni à mes frères égorgeurs. Alors ils ont osé faire ce que je ne pouvais imaginer qu'ils feraient... Ils ont acheté un mouton sur un marché aux bestiaux d'Albi et ont mis l'animal dans le coffre de la voiture d'un de mes frères pour l'emmener au gîte, puis ils l'ont égorgé, dépouillé et dépecé devant la belle bâtisse aux pierres apparentes ! Ils ont agi dans mon dos, quand ma compagne, notre fille et moi étions absents du gîte. Quand nous sommes revenus, nous avons découvert, abasourdis, leur boucherie improvisée, les giclures de sang sur les jolies pierres de la maison, l'odeur écœurante d'excréments et de viscères, les myriades de mouches autour... Cela m'a ulcéré et je n'ai pas trouvé les mots sur le moment pour leur exprimer ma colère. Je craignais surtout que le propriétaire très sympathique du gîte n'arrive à l'improviste et découvre cette scène sanguinolente. Il venait tous les matins nous apporter très gentiment une salade fraîchement cueillie dans son jardin. Ma compagne et moi ne pensions qu'à une chose à ce moment-là : vite nettoyer les pierres de la façade, effacer toutes ces taches de sang le mieux possible, comme un assassin efface les traces de son crime avant que la police n'arrive. Nous étions dans la posture paradoxale de devoir effacer les traces d'un « crime » que nous n'avions pas commis ! Car mon père et mes frères se fichaient bien des conséquences de leur forfait, ils étaient même ravis de leur coup et arboraient un large sourire de contentement. Ils avaient respecté la coutume ancestrale, c'était le plus important pour eux, ils allaient pouvoir manger de la viande halal pendant leurs quinze jours de vacances dans l'Aveyron. Mais s'ils en étaient restés là...

Au début de ces vacances que j'espérais idylliques, je me suis rendu compte que mes frères ne participaient pas vraiment aux tâches ménagères communes, tout comme mon père (mais cela était « normal » pour le patriarche à la retraite...), et que c'étaient leurs femmes surtout qui mettaient la main à la pâte. Devant ce constat, j'ai laissé s'exprimer ma colère en leur expliquant que leurs épouses avaient droit à du repos autant qu'eux parce qu'elles avaient travaillé toute l'année elles aussi. C'est à ce moment précis qu'il s'est passé quelque chose qui m'a profondément et durablement choqué : un de mes frères m'a tenu tête avec des arguties incroyablement rétrogrades en hurlant qu'*ils* étaient des Arabes et que chez les Arabes, c'était comme ça et pas autrement ! Puis, à l'acmé de ce psychodrame familial, j'ai vu un large sourire de satisfaction s'inscrire sur le visage de mon père. Il avait gagné. Même dans ce gîte perdu au fin fond de l'Aveyron, il avait réussi à imposer sa charia et il était fier de ces fils qui le suivaient sans broncher, avec plaisir et complaisance même, tandis que j'aspirais du plus profond de mon être à vivre autrement. Cette scène, d'une grande violence verbale et psychologique, s'est gravée à tout jamais en moi. Elle me montra très clairement le grand écart culturel, pour ne pas dire le gouffre, qui s'était formé entre ma famille d'origine et moi, et qui ne cessera de se creuser jusqu'à la rupture finale. Cet été 1994, dans ce magnifique gîte d'un village aveyronnais au doux nom de Réquista, j'ai compris définitivement que c'était toute une culture que j'avais contre moi, une culture ancestrale ancrée profondément dans l'inconscient collectif des Maghrébins et des Arabes depuis des siècles.

MATER DOLOROSA

J'ai déjà beaucoup parlé de mon père, cette statue du commandeur qui a surplombé mon existence en la menaçant durant des décennies, avant que je ne puisse la briser grâce à ma psychanalyse et à mon cheminement spirituel. Il me faut parler de ma mère maintenant, de ma pauvre mère devrais-je préciser. Parfois, quand je la décris à des amis, je dis d'elle, avec tristesse et compassion, que c'est une « souffrance sur pattes ». Son corps, comme celui de tant d'autres femmes maghrébines qui ont multiplié les grossesses plus ou moins volontaires, est un symptôme à lui seul : boursouflé, gonflé, distordu par les épreuves et les nombreux coups reçus, au propre comme au figuré. Car mon père frappa ma mère comme il frappa ses enfants. Mais il ne fut malheureusement pas le seul homme à la violenter. Ma mère se maria trois fois, dont deux avec le même homme : mon père ! Je suis issu d'un roman familial complexe et douloureux... J'ai appris vers l'âge de douze ans que j'avais un autre frère en Algérie, de six ans mon aîné, un demi-frère plus précisément, et j'ai découvert la même année que celui que je prenais pour mon frère aîné de père et de mère était en réalité un autre demi-frère.

Ma mère s'est mariée une première fois au milieu des années cinquante avec mon père à Alger. Elle était à peine majeure quand il l'engrossa, puis il prit la poudre d'escampette en prétextant qu'il était engagé politiquement en France. La politique avait bon dos. Ma pauvre mère dut accoucher seule en pleine bataille d'Alger d'une petite Aïcha, qui mourut à l'âge de neuf mois d'une intoxication alimentaire, selon la version officielle. Mon père ayant disparu dans la nature, ma mère réussit tout de même à divorcer de lui afin de pouvoir se remarier avec un officier de l'armée française d'origine « indigène », comme les colons français qualifiaient avec mépris les autochtones à l'époque. Les indépendantistes algériens les appelaient plutôt des harkis, mais ce diable de deuxième mari de ma mère réussit le tour de force de travailler à la fois pour l'armée française et le FLN, afin de se ménager une porte de sortie « honorable ». La France a eu son lot de collabos cyniques et de mercenaires de cette engeance, convertis à la résistance par pur opportunisme, comme le sinistre Maurice Papon. Le deuxième mari de ma mère joua donc ce double jeu pour sauver sa peau du côté du FLN et pouvoir rester en Algérie après l'indépendance tout en profitant des dividendes que son « héroïsme » clandestin lui permettrait de toucher à terme. Effectivement, cet homme au double visage s'enrichira après la fin de la guerre, comme beaucoup d'autres « héros indépendantistes » de la dernière heure…

Le hasard m'a fait rencontrer il y a quelques années, en France, l'une des filles de cet homme, qui s'est remarié plusieurs fois après sa parodie de noces avec ma mère. Elle ne lui parlait plus depuis un quart de siècle et m'a confirmé d'autres témoignages à charge que j'avais déjà recueillis : c'était un homme d'une grande violence avec les femmes, comme ce fut le cas avec ma mère et la sienne. Il avait rencontré cette dernière dans un bal en Picardie, où il était en formation dans une caserne de la région, alors qu'il était encore marié officiellement avec ma mère en Algérie. Cet homme, à la fois Don Juan et Barbe-Bleue, a réussi à séduire la pauvre oie blanche picarde et à l'emmener dans son pays alors qu'il n'était même pas encore divorcé de ma mère. C'est cette femme elle-même qui découvrira le livret de famille attestant cette supercherie, mais cela ne l'empêchera pas de se marier avec le séducteur une fois que le divorce avec ma mère sera prononcé et d'avoir trois enfants avec lui, avant de retourner en France dans le plus grand dénuement avec sa progéniture en bas âge. Double visage avec l'armée française et le FLN, double visage avec les femmes... Cet homme fourbe engrossa par deux fois ma mère avant que celle-ci ne prenne ses jambes à son cou pour sauver sa peau elle aussi. Après leur divorce, il garda l'aîné, qu'il maltraita également – un jour, ce pauvre demi-frère me montra sur son dos les stigmates des coups de fil électrique infligés par son bourreau de père –, et ma mère garda le cadet. Puis, trois ans après l'indépendance de l'Algérie, en 1965, mon père revint, le bec enfariné, s'enquérir de ma mère chez ma grand-mère maternelle à Alger. Il la retrouva avec un bébé de deux ans sur les bras et ne pesant plus qu'une quarantaine de kilos. Sur une photographie en noir et blanc de l'époque que mes parents ont gardée dans un album de famille, on la croirait sortie d'un camp de concentration nazi… Mon père lui proposa de l'épouser à nouveau et de l'emmener en France avec lui en acceptant d'adopter son fils cadet d'un autre lit. Voilà comment ce pauvre petit garçon est devenu mon frère aîné. À peine arrivé en France, mon père engrossa à nouveau ma mère coup sur coup, si j'ose dire : un premier fils naquit en 1966, puis moi en 1967. Ensuite vinrent Djamel Abdel Nasser en 1971, puis le benjamin en 1978. Que des garçons, donc, dans ma fratrie, pas de filles. Ou plutôt pas de filles survivantes… Car après le décès de leur première fille, Aïcha, dans les années cinquante, ma mère perdit trois autres filles avec mon père, dans son ventre ou à la naissance. J'ai découvert grâce à ma psychanalyse que ces morts récurrentes des filles dans ma famille d'origine étaient de l'ordre du symptôme. Tout s'est passé effectivement comme si le féminin ne pouvait y avoir de place, sauf à celle de ma mère. Mais justement, la féminité de ma mère fut si violentée, si maltraitée par les deux hommes de sa vie, que je ne peux m'empêcher de corréler la mort de ses quatre filles avec sa propre destinée dramatique.

Il y a quelques années, dans sa maison de la banlieue d'Alger, ma mère, âgée de soixante-quinze ans, m'a fait cette confidence terrible, loin des oreilles de mon père et de mes frères : « Mon fils, ton père est toujours aussi méchant avec moi, il m'a encore frappée récemment dans les escaliers de la maison, j'ai failli tomber, mais je ne sais pas du tout pourquoi il a fait ça, il n'a pas voulu me le dire… » Alors, ne pouvant me taire cette fois-ci face à mon père – une véritable omerta a toujours régné sur la violence paternelle dans ma famille d'origine, j'ai toujours été le seul à l'évoquer, à en parler et à la condamner –, je lui ai demandé fermement pourquoi il avait encore osé frapper maman. En guise d'explication, il m'a confié cette incroyable histoire : quelqu'un lui avait raconté récemment que le deuxième mari de ma mère, le Barbe-Bleue violent, l'aurait en réalité kidnappée quand il était officier de l'armée française, puis l'aurait emmenée dans une chambre pour la violer. Voilà pourquoi mon père avait encore frappé ma mère, une cinquantaine d'années après des faits non avérés rapportés par une personne dont il ne m'a pas divulgué l'identité. Et quand bien même ce qu'on lui avait raconté se serait réellement passé, ma mère aurait été victime de ce salopard et ne serait en rien coupable d'une fornication *harâm*[1]. Double peine de la femme violée en terre d'islam, un classique malheureusement.

J'ai lu un livre effroyable intitulé *Laissées pour mortes. Le lynchage des femmes de Hassi Messaoud*, un recueil de témoignages bouleversants de Rahmouna Salah et Fatiha Maamoura, transcrits avec beaucoup de compassion et d'abnégation par l'actrice Nadia Kaci[2]. Ces deux femmes

1. En islam, le *harâm* est ce qui est interdit par Allah, et le *halâl* ce qui est autorisé.
2. Rahmouna Salah, Fatiha Maamoura, *Laissées pour mortes. Le lynchage des femmes de Hassi Messaoud*, témoignages recueillis par Nadia Kaci, Paris, Max Milo, 2010.

algériennes ont été violées et lynchées avec des dizaines d'autres femmes par une horde d'hommes déchaînés, avec la bénédiction d'un imam, parce qu'elles avaient le tort de travailler sur le site pétrolier de Hassi Messaoud et de vivre ensemble dans un même quartier sans tutelle masculine. Pour ces psychopathes, ces femmes vivaient nécessairement dans le péché parce qu'elles étaient indépendantes financièrement et non soumises à l'autorité d'un homme. Une femme autonome est nécessairement une pute pour ce genre de malades mentaux ! Alors que Khadija, la première femme musulmane de l'histoire de l'islam, et même le premier être humain converti à cette nouvelle religion il y a quatorze siècles, était une riche femme d'affaires à la fois patronne et épouse de Mahomet. Mais que savent-ils de leur religion, ces phallocrates ignares qui haïssent les femmes et la vie ? Les destins fracassés de ces pauvres Algériennes, pour certaines obligées de travailler sur le site pétrolier de Hassi Messaoud, très loin de leurs enfants, parce qu'elles avaient été répudiées sans pension alimentaire par des maris violents et iniques, m'ont touché au plus profond de mon âme. Je n'ai pas pu lâcher la lecture de ce livre, je l'ai lu d'une seule traite jusque tard dans la nuit, et des larmes coulaient sur mes joues et embuaient mes yeux tant les injustices subies par ces femmes m'ont fait mal. Car non seulement elles ont été violées, lynchées, tabassées, mais en plus, certaines d'entre elles ont été ostracisées par leur famille à cause de la honte générée par la médiatisation de leur drame. Une double peine qui se commuera en triple peine : la justice algérienne traînera des pieds avant de trouver quelques coupables, de les juger et de les condamner. Ces victimes d'hommes barbares sans foi ni loi devront se battre comme des lionnes pour que justice soit faite, mais elles essuieront d'abord de nouvelles humiliations (comme des reports de jugement à la dernière minute) avant d'obtenir en partie gain de cause. Un long marathon pour ces femmes courageuses et dignes, face à une société et une culture foncièrement misogynes. Tous les coupables ne seront pas arrêtés et jugés, loin de là ; un certain nombre d'entre eux (dont l'imam à l'origine de la « fatwa » qui a causé le carnage !) échapperont aux mailles du filet d'une justice gangrenée elle-même par un machisme traditionnel. Comment se reconstruire en tant que femme après une telle tragédie ? J'espère que le livre bouleversant de Nadia Kaci a pu aider les victimes de cette ignominie.

Ma mère, quant à elle, s'est construite comme elle a pu... Le grand paradoxe chez elle, c'est qu'elle a toujours aimé mon père contre vents et marées, et en dépit des coups physiques et des vexations verbales permanents. L'originalité de leur couple est qu'ils étaient cousins germains. Il y a toujours eu entre eux une espèce de lien sacré malgré toutes les péripéties et les épreuves endurées. Parfois je me suis demandé si ma mère ne souffrait pas du fameux syndrome de Stockholm. Mais c'est bien plus complexe que cela, je crois. Il est vrai que, comme beaucoup de femmes maghrébines de sa génération mais également des générations ultérieures, ma mère dépendait totalement de mon père. Dans cette culture foncièrement misogyne, une femme est mineure à vie : dépendante de son père jusqu'à son mariage et dépendante de son mari jusqu'à la mort de celui-ci. Le mari a donc ce pouvoir culturel préétabli. Je pense qu'il y a également un pouvoir pervers de la terreur qu'inspire aux femmes la violence masculine ; comble de la perversité, cette terreur peut être introjectée et devenir « naturelle » ou inconsciente. Je ne peux m'expliquer autrement cette soumission aux hommes, qui semble volontaire, de millions de femmes musulmanes. En réalité, cette aliénation séculaire n'a probablement rien de volontaire, car c'est le plus souvent une question de vie ou de mort à la fois physique et sociale. Soumise à l'homme, la femme musulmane est à sa place, voire hypocritement « honorée »... Insoumise à l'homme, elle devient une *fitna* à elle seule, c'est-à-dire une source de désordre et de chaos pour la société tout entière. Il faut donc avoir une vision structuraliste ou systémique de la place de la femme musulmane dans une société patriarcale islamique. Chacun doit rester à sa place pour que l'ensemble fonctionne. Les femmes martyres de Hassi Messaoud ont eu le « tort » de bousculer ce système phallocratique pervers parce qu'elles aspiraient seulement à une vie digne d'un être humain. Mais ma pauvre maman n'a jamais pu se révolter contre les hommes qui l'ont maltraitée toute sa vie. Bien au contraire, elle a fini par aimer son joug, le chérir, comme on peut chérir une planche de survie qui nous aide à tenir la tête hors de l'eau, aussi pourrie soit-elle. Le même jour où elle me confia les nouveaux coups portés par mon père contre son corps usé de vieille femme de soixante-quinze ans, elle me relata aussi une autre maltraitance : durant un trajet en voiture de Bou Saâda à Alger, alors qu'ils étaient en train de franchir un col de l'Atlas, mon père s'emporta contre elle verbalement, puis arrêta sa voiture et lui demanda d'en sortir avec l'intention de l'abandonner en pleine montagne. Et comme par hasard, il y avait une jeune et fringante nièce de ma mère dans sa voiture ce jour-là, célibataire et bonne à marier, que mon père affectionnait particulièrement… Évidemment, il ne put aller au bout de son passage à l'acte délirant, mais ma mère eut encore une fois le sentiment d'être un rebut pour lui, un corps douloureux et flétri devenu trop encombrant.

Malgré cette maltraitance chronique et aussi étonnant que cela puisse paraître, elle l'aimera et s'occupera de lui jusqu'au bout, telle une sorte de Schéhérazade qui garde toujours l'espoir de transformer son psychopathe de mari en époux aimant et respectueux de sa personne, ou telle Sonia dans *Crime et Châtiment*, de Dostoïevski, qui continue à aimer Raskolnikov malgré son meurtre atroce d'une vieille femme et qui le suit jusqu'au bagne en Sibérie…

« L'HOMME EST UN APPRENTI, LA DOULEUR EST SON MAÎTRE... »

Mon père m'a dit, dans mon enfance, cette phrase foncièrement misogyne qui m'a marqué à vie : « À l'usine, je porte la robe. » Cette métaphore, dans sa bouche, signifiait : à l'usine, je ne suis pas un homme mais une femme parce que je suis soumis à un patron qui m'exploite, parce que j'y perds ma dignité d'homme, ma virilité. C'est dire l'image négative qu'il avait de la femme – et de la condition ouvrière, soit dit en passant –, comme tant d'autres Arabo-musulmans de sa génération. Tel Kadhafi fanfaronnant durant la révolution libyenne de 2011 : « On ne se rendra pas ! *On n'est pas des femmes !* », mais qui fut trouvé caché comme un pleutre dans un conduit et tenta follement de masquer son identité au moment de son arrestation. Ou comme cet autre tyran arabe sanguinaire, Saddam Hussein, capturé dans un véritable trou à rat, planqué comme le pire des poltrons alors qu'il avait tant vanté sa virilité, lui aussi. Quel drôle de courage guerrier nous ont montré ces histrions qui se présentaient au monde entier en Superman très virils ! Ces machos n'étaient-ils pas au contraire des hommes faibles sous leur apparence de mâles surpuissants ? En tout cas, derrière cette terrible phrase misogyne de mon père, il y avait un aveu de faiblesse et d'impuissance. Et sans doute une forte amertume…

Mais mon père n'était pas qu'un « pauv' type », comme l'a qualifié un jour avec cynisme mon premier psychanalyste. Il aimait à me répéter, quand j'étais enfant, cette parole apprise auprès des hommes qu'il avait fréquentés pendant sa courte carrière politique de nationaliste algérien à Lyon – « hommes », dans sa bouche, signifiait tout à la fois personnalités instruites, intelligentes, cultivées, influentes, fortes, respectables et respectées : « L'homme est un apprenti, la douleur est son maître. Et nul ne se connaît tant qu'il n'a pas souffert. » Il attribuait ces vers appris par cœur à Christophe Colomb. Bien des années plus tard, je découvris qu'ils étaient extraits d'un très beau poème d'Alfred de Musset, *La Nuit d'octobre*, dans lequel le poète confie une grande déception amoureuse à sa muse. C'est mon père, le premier, qui me parla de deux grands philosophes de l'âge d'or de la civilisation islamique, Averroès et Avicenne. Il sema ainsi en moi quelques graines de philosophie déjà présentes en lui. Pour nous encourager à bien travailler à l'école, il nous montrait sa musette d'ouvrier et nous disait avec son accent algérien : « Mes fils, je ne veux pas que vous alliez au travail, plus tard, avec une musette mais avec un cartable. Je veux vous voir travailler un jour avec un stylo et un téléphone. Et que vous soyez toujours bien habillés parce que si vous êtes bien habillés, *vous présenterez la personnalité* (sic) ! » L'un des jours de mon enfance les plus émouvants est celui où mon père décida d'acheter l'encyclopédie *Tout l'Univers* à un représentant de passage chez nous. Sa décision fut grave et le sacrifice financier énorme pour mes parents qui avaient des revenus d'ouvriers très modestes. Mais il le fallait, pour que leurs fils réussissent leurs études, qu'ils deviennent des personnalités, qu'ils ne souffrent pas comme eux avaient souffert. Ce propos est peut-être banal, mille fois entendu, mille fois lu, mais il me faut rendre cet hommage à mes parents, qui ont fait de leur mieux, j'en suis convaincu, pour que nous ne vivions pas la même vie de misère que la leur.

Je garde d'autres pierres précieuses de ce père si ambivalent. Par exemple, des vers en arabe qu'il m'a souvent répétés et dont je n'ai retenu que le sens en français : « Le savant accroît sa science grâce à de nombreuses nuits blanches… » C'est l'exact équivalent d'une pensée de Hegel, que je découvrirai des années plus tard en étudiant la philosophie : « L'oiseau de Minerve prend son envol au crépuscule. » Mon père aimait aussi me raconter l'histoire merveilleuse de Sindbad le marin, extraite des *Mille et Une Nuits*, cet homme devenu sage et respecté après moult épreuves et aventures maritimes, exactement comme Ulysse dans *L'Odyssée*, d'Homère. Ces deux souvenirs de transmission culturelle montrent qu'il y a des points communs fondamentaux entre la culture arabo-musulmane et la culture européenne. L'immense philosophe que fut Averroès a travaillé toute sa vie à démontrer cette grande vérité en faisant dialoguer la philosophie grecque et la théologie islamique.

Mais je veux mettre aussi l'accent sur le *complexe d'infériorité* dont souffrait mon père. En effet, il a vécu toute sa vie son rapport à la civilisation occidentale dans un déchirement intérieur, une contradiction intime. Il était dans cette souffrance et cette tension permanente que le philosophe Hegel appelle *la conscience malheureuse* dans *La Phénoménologie de l'esprit*, c'est-à-dire l'impossibilité douloureuse pour une conscience de coïncider avec elle-même parce qu'elle est déchirée en permanence par une contradiction interne. D'un côté, il était fasciné, séduit, attiré par cette magnifique civilisation occidentale si avancée sur le plan des sciences, de la technique, de la culture, de la politique, des mœurs, mais d'un autre côté, en tant que nationaliste algérien musulman et panarabiste, il lui fallait mépriser cette civilisation, lui trouver tous les défauts de la terre, pour ne pas s'avouer sa valeur.

Pourtant, son jugement n'était pas toujours aussi tranché, loin s'en faut. Un jour, excédé par le manque d'éthique et de justice dans le pays pour lequel il s'était battu et avait risqué sa vie, l'Algérie, il m'a dit cette phrase édifiante : « Les Français appliquent mieux l'islam que les Algériens. » Il voulait me dire par là, avec son langage imagé, que les Français étaient plus respectueux de leurs lois, que leurs mœurs étaient plus policées que celles de ses concitoyens algériens et que la France était un pays plus vivable et agréable que sa pauvre Algérie sinistrée, certes indépendante depuis 1962, mais plongée dans une souffrance chronique à cause de l'impéritie de ses gouvernants et de l'inertie de son peuple. Cette ambivalence de mon père vis-à-vis de la France et de l'Occident en général, il la vécut aussi dans les années cinquante quand il était militant actif du MNA à Lyon. Par exemple, sur des terrasses de cafés lyonnais, il faisait la chasse aux couvre-chefs algériens traditionnels, chéchias, fez et autres tarbouches, pour veiller à ce que les Algériens soient habillés comme les Français, alors que le fondateur de son parti et père du mouvement indépendantiste algérien, Messali Hadj, avait un fez vissé sur la tête comme le béret sur celle du Che ! C'est pourquoi je me suis permis un jour de faire remarquer ironiquement à mon père qu'il portait à son tour une chéchia en tant que hadj, comme les pauvres chibanis qu'il avait harcelés sur les terrasses dans les années cinquante, en osant même parfois leur infliger des claques humiliantes sur la tête ! Il y a ici toute la contradiction du Maghrébin ou de l'Arabe qui est dans un rapport ambivalent de répulsion-fascination envers la civilisation occidentale. Je me souviens aussi que dans les années soixante-dix, ma mère allait à l'usine avec une coupe de cheveux à la garçonne, en vogue à l'époque, alors qu'aujourd'hui son triste « foulard islamique » semble scellé à sa tête... Je pense que c'est mon père qui l'avait incitée à avoir cette coiffure moderne qui lui allait si bien, parce qu'il aimait au fond cette culture progressiste de ses chers ennemis français et la libéralité de leurs mœurs. C'est aussi pourquoi il adorait le grand chanteur égyptien Farid El Atrache. Il avait tous ses vinyles et les écoutait en boucle à la maison. Enfant, j'ai été bercé par cette voix magnifique, à la fois suave et envoûtante, de l'un des plus grands chanteurs de langue arabe de tous les temps, pour ne pas dire le plus grand. J'adorais moi aussi le beau Farid, et je trouvais même qu'il y avait un air de ressemblance entre mon père et lui. Car mon papa fut un très bel homme dans sa jeunesse, toujours tiré à quatre épingles, avec costumes, manteaux et chaussures dernier cri. Pour lui, c'était une affaire de dignité, d'être toujours bien habillé à la mode occidentale, parce que cela faisait *civilisé*, précisément. Et Farid El Atrache représentait parfaitement cette symbiose possible entre culture arabo-musulmane et culture occidentale. Quelle tristesse ce fut pour moi d'apprendre un jour de la bouche de mon père qu'il ne voulait plus écouter Farid parce que ce n'était plus compatible avec sa nouvelle conception rigoriste de l'islam. Mais au crépuscule de sa vie, alors qu'il était devenu hémiplégique après un grave AVC, je lui ai fait écouter la douce voix de son cher Farid et il sembla en être très ému. Le rigorisme islamique qui l'avait contaminé et endurci avec l'âge n'avait pas complètement anéanti son âme poétesse et rêveuse, Allah merci…

L'ÂNE ET LA FANTASIA

Parmi les nombreuses paroles blessantes que mon père m'a dites, il y en a une qui m'a particulièrement marqué. C'était à une époque où j'avais eu la chance de travailler pour le journal *Libération* dans les années quatre-vingt[1]. Animé par la jalousie que j'ai déjà évoquée, il me dit avec un sens de la métaphore si caractéristique de sa culture maghrébine : « Tu me fais penser aux ânes les jours de fantasia, qui se mettent à imiter les beaux pur-sang arabes en courant derrière eux et en ruant dans tous les sens. Tous les spectateurs se moquent alors d'eux... » Mon père voulait me dire par là que j'étais ridicule à ses yeux de vouloir être journaliste si jeune (j'avais dix-neuf ans), et plus précisément de vouloir devenir *une personnalité* parce que je n'arriverais jamais à rivaliser avec les vrais étalons. Pour lui donc, j'étais condamné à n'être qu'un pâle imitateur de ceux qui réussissent socialement. Voilà comment un père maghrébin peut maudire et castrer un fils avec des mots ! Il faut dire qu'il avait de qui tenir, puisque son père poète fut aussi jeteur de mauvais sorts

1. J'évoque cette période dans la seconde partie.

à ses heures... C'était comme une espèce de pli psychique patriarcal, cette mauvaise langue, cette parole porteuse de malédiction et de destruction. Une autre fois, alors que j'étais encore dans mes études de philosophie reprises tardivement, il me dit, avec son habituel sourire ironique et blessant : « *Zarma* philosophe ! », c'est-à-dire « soi-disant philosophe ! » ou « pseudo-philosophe ! ». Voilà le genre d'encouragements dont mon père était capable. Mais il était également très fier de moi, aussi paradoxal que cela puisse paraître. Quand j'ai commencé à publier des articles dans le journal *Libération*, il était très heureux de voir son patronyme ainsi affiché dans un grand quotidien national. Son ambivalence permanente vis-à-vis de moi pourrait se résumer ainsi : je te jalouse, je t'envie, je ne crois pas en toi, mais en même temps tu honores mon nom, je suis fier de toi. Ainsi, il m'a dit un jour, en arabe, « *n'zoukh bik* », c'est-à-dire : je me vante auprès des autres d'avoir un fils si brillant qui réussit, qui est devenu quelqu'un. Et même : « Tu es le meilleur de mes fils ! » J'ai en effet entendu cette parole élogieuse de sa bouche, pourtant a priori inconcevable, quand il se plaignit devant ma mère et moi que mon ex-compagne française et athée lui avait pris le meilleur de ses enfants.

Sa métaphore ironique des ânes et de la fantasia parlait surtout de lui-même, évidemment. C'est ce que Jung appelle *une projection de l'ombre personnelle sur autrui*. Mon père a projeté sur moi son propre complexe d'infériorité, car il se percevait lui-même comme maudit, voué à un échec existentiel permanent. Il s'est senti humilié toute sa vie parce qu'il est issu d'une culture où le couple d'opposés orgueil-humiliation est central. En 2010, j'ai découvert un livre passionnant qui corrobore cette idée très importante à comprendre, aujourd'hui plus que jamais : *La Géopolitique de l'émotion*, de Dominique Moïsi. Ce membre fondateur de l'Institut français des relations internationales (IFRI) a repéré des émotions dominantes dans chaque grande aire civilisationnelle : la peur dans le monde occidental, l'espoir dans le monde asiatique et le sentiment d'humiliation dans le monde arabo-musulman. Moïsi va jusqu'à parler d'une véritable « culture de l'humiliation » au sein de cette civilisation blessée sur plusieurs plans depuis des siècles : « Quel que soit l'essor de l'islam comme religion, quand bien même la démographie assurerait à ses croyants d'être plus nombreux, y compris en proportion, qu'ils ne le furent jamais, ce qui domine le monde musulman, psychologiquement et émotionnellement, c'est un sentiment d'humiliation politique et culturelle ainsi qu'une soif exacerbée de dignité[2]. » Et d'ajouter un peu plus loin dans le texte : « Les strates archéologiques de ce sentiment d'humiliation sont nombreuses dans le monde arabo-musulman, mais la première et la plus importante d'entre elles est [le] sentiment de déclin historique[3]. » Je retrouve dans ces mots d'un expert en géopolitique internationale

2. Dominique Moïsi, *La Géopolitique de l'émotion*, Paris, Flammarion, 2010.
3. *Ibid.*

le complexe d'infériorité de mon père, qui touche aussi, je crois, des millions de Maghrébins et d'Arabo-musulmans de notre temps. Cette « culture de l'humiliation » pourrait expliquer beaucoup de choses, dont la crispation identitaire et la radicalisation religieuse de tant de musulmans aujourd'hui.

FICHEMOLETTE

Grâce à ma psychanalyse, j'ai fini par découvrir et comprendre qu'un garçon issu de la culture arabo-musulmane pouvait souffrir lui aussi de la misogynie en tant que victime collatérale, en quelque sorte, comme des militaires mal inspirés osent qualifier les civils tués dans un conflit armé. Ainsi que je l'ai dit précédemment, ma mère a eu dix grossesses : six garçons y ont survécu, si je puis dire, et quatre filles sont mortes in utero ou quelques mois après leur naissance. Bien sûr, on pourrait penser qu'il s'agit là d'une fatalité sans aucun sens particulier. *Mektoub*, comme on le dit en arabe, c'était écrit… Mais ma psychanalyse me révélera progressivement, avec toujours plus de clarté et d'évidence, le sens caché de cette malédiction ne visant que les filles de ma famille. Et puis que cette fatalité ait été écrite ne contredit pas la notion de malédiction, bien au contraire, car une malédiction, qu'est-ce d'autre qu'un « mauvais-dit » ou un « mauvais-écrit » ? C'est comme un mauvais scénario écrit par un mauvais scénariste, et pour que le scénario soit meilleur, il n'y a pas d'autre solution que de le réécrire, de le retravailler. Or c'est exactement la finalité d'une psychanalyse. Le travail analytique a donc une véritable fonction créatrice. Il s'agit de parvenir à exorciser cette malédiction qui nous poursuit et nous fait souffrir en permanence : notre névrose. Et on y parvient quand on peut enfin réécrire sa propre histoire en lui donnant un sens, une cohérence qu'elle n'avait pas avant ce travail. C'est donc le sens qui sauve, qui guérit, qui donne vie, comme c'est l'absence de sens qui fait souffrir, qui rend fou, qui tue...

Je fus moi-même l'enfant-symptôme de ma famille, comme je le découvris au cœur de ma cure psychanalytique. Et plus précisément, l'enfant-symptôme d'une féminité refoulée ou forclose, celle qui ne pouvait pas venir au monde au sein de ma famille biologique. J'ai vécu dans une fratrie de cinq frères et j'avais la place du milieu. Assez tôt dans mon enfance, toute ma famille me donna un surnom à cause de ce qu'elle percevait comme une émotivité excessive, parce que je pleurais trop souvent à son goût... Ce sobriquet qui me fit tant de mal était « fichemolette ». Dans ma famille, on ne maîtrisait pas bien la langue française. Ce surnom était un mélange fait maison de « chiffe molle » et de « femmelette ». Je me souviens très bien encore de la séance où je le révélai à mon premier psychanalyste et de ce qu'il me dit alors, la mine triste et grave : « Je pense qu'on peut détruire un enfant avec un surnom humiliant. » De fil en aiguille, lui et moi découvrîmes que j'avais été un véritable bouc émissaire pour ma famille. Je me rappelle son visage fermé et crispé quand il fut convaincu de cela à la fin de cette séance particulièrement difficile. Ce fut comme s'il me signifiait avec cette expression grave toute la difficulté de la tâche qui nous attendait, lui et moi. Il m'orienta alors très intelligemment vers l'œuvre de René Girard, que je ne connaissais pas du tout. Je lus avec beaucoup d'intérêt et de curiosité quelques-uns de ses livres, comme *La Violence et le Sacré*, *Le Bouc émissaire*, *Je vois Satan tomber comme l'éclair*, ou encore *Celui par qui le scandale arrive*. Pour cet anthropologue chrétien, un bouc émissaire est le thérapeute involontaire et généralement innocent d'un groupe humain donné, il est le *pharmakos*[1] temporaire d'une communauté humaine malade d'elle-même. L'origine de l'expression « bouc émissaire » est parlante : une fois l'an, les Hébreux chassaient dans le désert un bouc portant symboliquement tous les péchés du peuple. Ce rite expiatoire était censé les purifier de toutes leurs fautes commises durant l'année écoulée. À l'échelle d'une famille, un bouc émissaire peut aussi faire fonction de *pharmakos*, au sens où il cristallise à lui seul, dans le regard des autres, une « ombre » refoulée et rejetée par les membres de cette famille. En l'occurrence, cette « ombre » que ma propre famille projeta sur moi massivement n'était autre qu'une féminité honnie, symbole de faiblesse et d'impuissance, comme je le comprendrai toujours mieux grâce à mon analyse.

Il n'est pas bien difficile de saisir ce que mon sobriquet concentrait de misogynie et de phallocratie. Ce surnom était un petit chef-d'œuvre de l'inconscient

1. Un *pharmakos*, dans la Grèce antique, est une victime expiatoire lors d'un rituel de purification.

familial, qui exprimait en un seul signifiant toute sa pathologie. Il m'excluait verbalement du champ de la masculinité qui était réservé à mes deux frères aînés, lesquels ne se gênaient pas pour me castrer oralement en m'appelant « fichemolette » à l'envi parce qu'ils avaient la « bénédiction » de mes parents pour le faire ! Mais le pire, c'est que ma mère elle-même usa et abusa de ce sobriquet. Elle en variait même parfois la prononciation quand elle m'appelait avec sa voix stridente pour une tâche quelconque : « Fichi ! Fichi ! » J'étais donc, aux yeux de ma famille, une sorte d'objet féminoïde très négatif, symbolisant à lui seul une féminité refoulée et haïe inconsciemment par tous, même par ma propre mère – une « chose molle » dans laquelle on pouvait « ficher » précisément cette projection négative. Selon un certain fantasme phallocentrique, une femme n'est-elle pas elle-même une « chose molle » dont un homme peut faire ce qu'il veut ? Eh bien, c'était ce fantasme misogyne qui était à l'œuvre dans ce sobriquet dont on m'affubla.

Ma famille avait donc un gros problème avec la faiblesse, qu'elle associait à la féminité, c'est pourquoi elle la projeta si massivement sur l'enfant-symptôme que je fus pour elle. Un jour, durant mon analyse, une intuition, une petite voix à l'intérieur de moi me révéla ce jeu de mots que je trouvai très beau et plein de sens : le mot « symptôme » pouvait être entendu aussi comme « sain-petit-homme » ou « saint-petit-homme ». J'étais peut-être alors aussi le « sain(t)-petit-homme » de ma famille ? Mon travail en analyse m'orienta en effet vers la figure symbolique du Petit Poucet. Jung parle à plusieurs reprises, dans son œuvre, de l'archétype du *puer aeternus* ou l'enfant éternel, opposé à celui du *senex*, le vieil homme. Dans le conte du *Petit Poucet*, l'ogre représente un senex dévorant, tel Kronos ou Saturne dévorant ses propres enfants. Le travail du Petit Poucet, sa mission, consiste alors à briser cette malédiction en vainquant l'ogre et en s'accaparant ses pouvoirs et ses richesses afin de sauver sa famille de la misère et de la destruction. Or le Petit Poucet est précisément le bouc émissaire de sa famille, son *pharmakos*, au sens où elle projette sur lui sa propre faiblesse, sa propre impuissance, parce qu'il est tout petit et chétif en apparence et représente pour cette raison même une surface de projection idéale. Le conte montre à merveille que le fils qui paraît le plus petit et le plus faible est en réalité le plus fort, le plus courageux, le plus intelligent, le plus rusé, et probablement aussi le plus aimant – le plus capable d'amour. Le Petit Poucet est un « sain(t)-petit-homme » dont la force et la sagesse vont se révéler grâce aux épreuves qu'il va traverser. Dans le langage jungien, ce *puer aeternus* est une figure symbolique du Soi, c'est-à-dire l'être en germe ou en puissance en chaque être humain qu'il faut tenter de réaliser au mieux durant son existence.

La « fichemolette » que ma famille d'origine a vue en moi était donc plutôt un être très sensible, tel le Petit Poucet, et c'est précisément cette hypersensibilité qui me sauvera. C'est elle qui me mènera à la philosophie, à l'art, à la psychanalyse, à l'écriture, à la spiritualité… Là où cette famille malade a vu de la sensiblerie insupportable, de la faiblesse honteuse, de la fragilité pathologique, il y avait tout au contraire mon trésor, ma richesse, mon salut. En outre, mes parents et mes frères aînés musulmans ont désobéi sans le savoir à leur Prophète en m'affublant de ce sobriquet destructeur. J'ai découvert en effet à l'âge adulte que Mahomet a strictement interdit de son vivant l'usage de surnoms péjoratifs, et qu'il a même changé les noms de certaines personnes qu'il trouvait insultants ou dégradants pour elles[2]. Pouvoir du nom, pouvoir des mots. Un jour, un collègue m'a dit avoir entendu sur France Culture que mon prénom signifiait, en arabe, « le manieur d'épée ». Mais si une épée (*sif*, en arabe) est vraiment inscrite dans le signifiant « Soufiane », cette arme est ma langue et ma plume. Je suis donc tout le contraire d'une « fichemolette », n'en déplaise à ma famille, mais ma virilité se manifeste par le verbe, l'écriture, la parole, la création, et n'a que faire des mirages de la phallocratie patriarcale.

2. Éric et Néfissa Geoffroy, *Le Grand Livre des prénoms arabes*, Paris, Albin Michel, 2009.

« PÉDÉ ! »

À l'adolescence, j'avais un style baba cool et je portais des cheveux mi-longs, une moumoute en peau de chèvre brodée de beaux motifs colorés, de gros pulls en laine chamarrés, des jeans délavés, de grands colliers de coquillages empruntés à ma mère, un beau foulard en soie noué au cou et du patchouli en guise de parfum. Je chantais aussi dans un groupe de rock local des morceaux de Led Zeppelin, Aerosmith, Police, Stevie Wonder, Tania Maria, entre autres, parce que j'avais une voix qui montait assez haut et sonnait relativement juste. C'est peut-être pour toutes ces « raisons » que ma mère monta d'un cran dans la projection de son ombre sur moi en me traitant un jour de « pédé » en arabe. Puis elle me précisa que cette « information » provenait de mes frères aînés, les vrais petits mâles de la fratrie… Ce mot arabe si vulgaire et si inattendu dans sa bouche eut l'effet d'un tremblement de terre destructeur sur mon psychisme déjà bien fragile. Ce jour-là, je me suis littéralement écroulé psychiquement. J'ai hurlé à ma mère : « Tu n'as pas le droit de me dire ça ! Ce n'est pas vrai ! Une mère ne devrait jamais dire ça à son fils ! » Mais c'était trop tard, le mal était fait, et le mâle défait.

Des années plus tard, quand je commençai enfin ma carrière de professeur de philosophie certifié, je fis une conférence sur le thème « L'islam et le féminin », aux Rencontres Pierre Solié, dans la belle abbaye aveyronnaise de Sylvanès. Après cette conférence, durant laquelle j'avais évoqué mon rapport problématique avec ma mère, un psychanalyste disciple de Françoise Dolto et de Pierre Solié me dit : « J'ai beaucoup apprécié votre intervention, mais permettez-moi de vous dire que vous vous êtes trompé de terme à propos de ce que votre mère vous a fait : elle ne vous a pas castré symboliquement mais littéralement châtré ! » Ce psychanalyste avait parfaitement raison, car entre la castration symbolique, nécessaire parce que constitutive d'un sujet acceptant librement la limitation de son désir et pouvant ainsi le sublimer, et la castration tout court – c'est le cas de le dire –, qui empêche le désir, l'étouffe, l'asphyxie, il y a un gouffre. Et ce gouffre castrateur fut précisément ma mère. Aujourd'hui, je suis convaincu que la castration d'un fils par sa mère peut être bien plus destructrice que celle provenant d'un père. Un père « castre » ses enfants avec de la loi, des règles, des limites, c'est ce que la psychologie freudienne appelle la *fonction paternelle*. Mon propre père l'a fait, avec violence parfois, certes, mais il n'est pas allé aussi loin que ma mère, je crois, dans la destruction de ma masculinité. Il y a là une toute-puissance de la mère maghrébine qui est capable de châtrer un fils si celui-ci ne correspond pas aux canons de la virilité imposés par sa culture. Pour ma mère – et mes frères aînés rivaux –, j'étais forcément homosexuel, car un vrai garçon ne doit montrer aucun signe de féminité. À force de me voir signifier que je n'étais pas un vrai mâle (exactement comme pour le héros du très beau film de Guillaume Gallienne, *Les Garçons et Guillaume, à table !*), j'ai voulu tenter un jour une expérience homosexuelle avec un « pédé » adulte qui me tournait autour dans un café que je fréquentais à Roanne près de mon lycée. Mais quand il m'a emmené dans une espèce de mansarde écœurante de saleté, j'ai vite pris mes jambes à mon cou. Ce n'est que quelques années plus tard que je recroiserai un homosexuel qui aura un rôle déterminant dans mon existence. Je n'étais donc pas « pédé », j'avais certes des aspects féminins, comme tout adolescent peut en avoir, mais j'étais bel et bien hétérosexuel.

Pourquoi cet acharnement contre la féminité dans ma famille ? Mon père, dans mon dos, alla jusqu'à couper avec des ciseaux mon beau foulard en soie. Ce geste traître et vicieux me blessa, j'aimais beaucoup ce foulard et sa douceur sur mon cou, celle dont je manquais cruellement à la maison… Mes recherches psychanalytiques m'ont amené à comprendre que cette phobie du féminin, ou *gynophobie*, est universelle en réalité, qu'elle n'est pas l'apanage de la culture arabo-musulmane, loin s'en faut. Il y a une peur masculine du féminin très archaïque. Mais comment expliquer que des femmes elles-mêmes s'en prennent aussi à la féminité, et donc à leur *propre* féminité ? Ce paradoxe étonnant existe bel et bien, et certains symptômes culturels en témoignent, comme l'excision pratiquée par des femmes ou le port du voile dit « islamique », revendiqué comme un acte libre par des millions de musulmanes alors qu'il est à l'évidence le fruit d'une société patriarcale qui impose une domination masculine absolue sur le corps féminin. Après des années de réflexion et de recherches sur ce sujet, je crois avoir compris ceci : ce qui fait le plus peur aux hommes chez la femme, c'est son désir et sa liberté. Le désir féminin peut être perçu comme insatiable par des mâles inquiets de leur puissance, et donc comme potentiellement dangereux pour leur sacro-sainte virilité. C'est pourquoi il faut le circonscrire et le neutraliser. Dans la culture islamique, c'est même le corps de la femme tout entier qui est perçu comme une *fitna*[1]. C'est pour cette raison qu'il faut le voiler, le cacher, le cloîtrer, le dominer. Cela me sidère de voir aujourd'hui, dans l'espace public français, de plus en plus de femmes voilées, et de plus en plus jeunes de surcroît. J'ai évidemment abordé cette question épineuse avec certaines de mes élèves voilées du lycée Averroès, en vain... L'embrigadement ou le formatage des consciences peuvent être si profondément enracinés que même les discours les plus intelligents qui soient ne peuvent lutter contre ces fléaux. Il y a évidemment d'autres raisons au « voile islamique » qui peut représenter une revendication identitaire et communautariste. Ce problème contemporain constitue l'un des leviers essentiels de l'islamisme[2].

1. Source de troubles, de divisions, de conflits.
2. *Cf.* Bruno Nassim Aboudrar, *Comment le voile est devenu musulman*, Paris, Flammarion, 2004.

À L'ÉCOLE DE MARIANNE

Ma scolarité, de l'école primaire au secondaire, fut en dents de scie. J'ai des souvenirs merveilleux de l'école des garçons – appelée encore ainsi à la fin des années soixante-dix alors qu'elle était déjà mixte –, en particulier de mon année de CE2 avec M. Champalle, un instituteur extraordinaire, un véritable hussard de la République avec une touche moderne qui faisait tout son charme. C'était un homme d'une grande intelligence qui avait beaucoup d'humour, ce qui lui permettait de nous transmettre son savoir dans la joie et la bonne humeur. Son seul défaut était un tempérament à fleur de peau, une nervosité qui pouvait nous exploser à la figure sans crier gare. Mais quel bonheur de l'avoir eu comme maître d'école ! Je me souviens de mon apprentissage avec lui de la fameuse tirade des nez dans *Cyrano de Bergerac* : « Que dis-je, c'est un cap ? C'est une péninsule ! » Le jour où je l'ai récitée en classe, j'ai concouru avec un autre élève qui avait aussi un don pour la déclamation poétique, un sérieux rival. Nous prenions du plaisir à aller à l'école, à *être à l'école*. Je me rappelle nos promenades merveilleuses dans les forêts environnantes, nos découvertes de la nature, des arbres, des insectes, des champignons… C'était une école vivante où l'on apprenait à lire et à écrire avec une sorte de religiosité républicaine. Nous nous appliquions à tracer nos lignes d'écriture à la plume, toujours armés de nos indispensables buvards, et c'était comme une espèce de rituel sacré. Gare à celui qui ferait trop de taches d'encre ou qui ne suivrait pas exactement les lignes tracées sur ses feuilles ! Et puis nous aimions nos maîtres ; aussi sévères qu'ils pouvaient être, il y avait une déférence naturelle vis-à-vis de ces instituteurs qui ont appris à des générations de fils d'immigrés comme moi à lire, à écrire, à compter et à réfléchir. Cependant, avec M. Champalle, il y avait quelque chose de spécial. J'ai d'ailleurs noué une amitié fidèle avec les trois enfants de cet instituteur hors pair ; leur maison était devenue ma seconde maison, j'y étais toujours reçu comme un enfant de la famille. Et puis un jour, mon père eut l'idée d'inviter la famille Champalle chez nous. Ce fut un grand moment, mais très tendu. Mes parents avaient mis les petits plats dans les grands parce qu'ils invitaient à la fois l'instituteur de leurs enfants et le directeur de l'école des garçons. Et c'était la première fois qu'une famille française venait manger chez nous, d'où l'énorme pression. Mon père voulut faire bonne figure, « présenter la personnalité » comme il le disait avec son accent algérien en roulant les *r*. Tout devait être parfait, c'est pourquoi, le jour J, il était très nerveux. Je ne sais plus si c'est moi qui me suis pris une baffe ce jour-là, ou l'un de mes frères, on s'en prenait tellement. Quoi qu'il en soit, mon père n'avait pu s'empêcher de gifler l'un de ses fils devant la famille Champalle à cause d'une « erreur » dans le protocole de réception de ces hôtes de marque. Mais dans l'ensemble, ce fut un moment chaleureux, et nous étions très fiers d'avoir reçu notre instituteur et sa famille chez nous, dans notre humble appartement en HLM. Mon père lui avait donné carte blanche pour nous « dresser », ce qui signifiait, dans son langage bien à lui, que notre maître d'école avait lui aussi le droit de nous frapper si notre éducation l'exigeait. C'est ainsi qu'il concevait toute éducation, mais il était de son temps, si je puis dire, car du côté de certains Français « de souche » il en allait de même. Je me souviens d'un autre maître d'école en CM2 qui pouvait être très violent avec ses élèves : décollement du lobe de l'oreille à force de tirer dessus, rabats du tableau claqués brutalement sur la tête, gifles, coups de pied aux fesses, coups de règle… Ce genre de personnage était moins apprécié des élèves que M. Champalle, mais cela ne nous a pas empêchés de lui faire une belle fête pour son départ à la retraite.

Puis vint le temps du collège. Nous devions marcher deux kilomètres pour atteindre notre CES accroché au flanc d'une colline d'un village voisin, ce qui faisait quatre kilomètres de marche aller-retour tous les jours. Quand il faisait vraiment trop froid, nous avions le droit de prendre un bus. Mais la règle était la marche, et nous étions habitués à ce régime spartiate avec notre gros cartable sur le dos. J'ai adoré ce collège, déjà parce qu'on y mangeait à la cantine ! Manger un repas équilibré tous les jours de collège dans cette sorte de cafétéria scolaire fut un véritable enchantement pour moi. Le soir, à la maison, le repas se réduisait parfois à de la galette faite par ma mère et du lait cru... Mes parents économisaient autant qu'ils le pouvaient pour construire leur maison en Algérie, avec à l'horizon le fameux rêve du retour en famille au pays des ancêtres. Mais ils furent dans l'obligation de nous payer la cantine à cause de la trop grande distance entre notre collège et notre HLM, pour notre plus grand bonheur ! Vol-au-vent et quenelles à la sauce Béchamel, steak haché-frites, poulet rôti, langue de bœuf, jardinière de légumes, glaces : le paradis au collège ! Et mes parents ne nous empêchaient pas de manger de la viande non halal, ce n'était pas du tout un problème à l'époque, comme ça l'est malheureusement devenu aujourd'hui. Et puis il y avait un beau centre de documentation et d'information (CDI) dans mon collège, et j'étais comme magnétisé par ce havre de paix où il y avait tant de livres en rayons. Déjà, en primaire, j'avais adoré monter dans le bibliobus qui passait parfois à l'école pour y emprunter des livres. J'ai aimé l'univers des livres dès mon enfance. Ils me fascinaient, m'attiraient, j'avais envie de tous les lire, de tous les dévorer. Et c'est dans ce CDI que j'ai rencontré celui qui allait devenir mon meilleur ami : Salim. Cette rencontre fut particulière. Nous étions en classe de sixième et nous avons voulu prendre le même livre en même temps alors qu'il y en avait des centaines autour de nous. Après un moment de tension pour savoir qui de nous deux l'avait vu le premier, Salim coupa court à notre échange en me convoquant à la sortie du collège pour me casser la gueule. Celui qui allait devenir mon meilleur copain aimait se battre, c'était un petit sauvageon venu d'Algérie vers l'âge de six ans avec sa famille. J'appris des années plus tard, après son décès des suites d'un cancer généralisé à l'âge de trente-huit ans, qu'il avait été maltraité par son père lui aussi, mais de manière encore plus brutale. Il avait gardé ce secret douloureux enfoui au fond de lui, et je sais aujourd'hui les dégâts que peut causer une grande violence subie qui n'a jamais été verbalisée. Au-delà du déflocage d'amiante qu'il avait eu la mauvaise idée de faire pour gagner sa vie et de sa consommation de tabac et de cannabis, le « mal-à-dire » est une cause possible de sa maladie mortelle, j'en suis convaincu. Finalement, Salim ne m'a pas attendu à la sortie du collège et nous sommes devenus inséparables.

À partir de la quatrième, j'ai adopté un style baba cool. Je chantais dans un groupe de rock local et je commençais à avoir du succès auprès des filles. Autant de bouffées d'oxygène bienfaisantes qui chassaient de mes poumons l'air vicié de chez moi. J'avais faim de liberté, de joie de vivre, et le chant et la musique furent un véritable exutoire pour moi. Des gens aimaient m'écouter chanter, et cela me valorisait, enfin ! L'ambiance à la maison était toujours très tendue avec un père sur les nerfs la majeure partie de son temps. Son demi-frère s'était approprié une maison construite ensemble à Alger, ce qui l'obligeait à tout recommencer de zéro. Il voulut de nouveau édifier une villa dans une lointaine banlieue de la capitale, plus belle et plus grande que celle de son traître de frère. Combien de fois n'avons-nous pas entendu cette histoire de trahison fraternelle à la maison ? Il la ressassait ad nauseam, et elle le rongeait de l'intérieur. Il finit par la bâtir, la villa de ses rêves. Les travaux durèrent des années, il fallait tout sacrifier pour ce bloc de béton plein de chambres et de grands garages qui ne servirent à rien au final. Certains samedis, avec l'un de mes frères aînés, nous donnions un coup de main à notre père pour le nettoyage de l'usine où il travaillait la semaine. Ces heures supplémentaires lui permettaient de mettre un peu plus d'argent de côté pour sa maison en Algérie. Mais nous étions des enfants, et c'était à la fois illégal et dangereux de nous faire travailler ainsi au milieu des machines à tisser assourdissantes qu'il mettait en marche pendant que nous procédions à leur nettoyage avec une soufflette. Une fois rentrés à la maison, nous ressemblions à de petits ramoneurs du XIXe siècle. Un ouvrier algérien de notre village était mort happé et broyé par l'une de ces machines terrifiantes et avait laissé des orphelins de notre âge derrière lui.

Ma première chaîne hi-fi achetée à crédit au début de mes études supérieures fut sacrifiée pour cette maudite maison. Les immigrés de la première génération avaient trouvé une astuce, dans les années quatre-vingt, pour emmener dans leur pays d'origine sans payer de taxes douanières des 404 bâchées et autres J9 Peugeot remplis à craquer d'objets en tout genre (machines à laver, télévisions, chaînes hi-fi, canapés, etc.). Ils vendaient ensuite sur place le véhicule et tout son barda afin d'en tirer des plus-values substantielles leur permettant de construire leur « maison du bled ». Cette astuce fut baptisée le « million Stoléru », une aide au retour (dix mille francs et une exonération de taxes douanières) instaurée en 1977 sous la présidence de Valéry Giscard d'Estaing et qui permit à des milliers d'immigrés de bâtir leur maison au pays d'origine en échange du sacrifice de leur carte de séjour. Évidemment, cette « aide au retour » avait surtout pour but de se débarrasser du plus d'immigrés possible après le premier choc pétrolier de 1973. Mon malin de père a rendu deux cartes de séjour qui n'étaient pas les siennes pour empocher le « million Stoléru » et bénéficier de l'exonération des taxes douanières à deux reprises ! Celle de son meilleur ami et « père adoptif », qui prit sa retraite au pays et lui céda ses droits pour l'aider à construire sa « maison du bled », et celle de mon pauvre demi-frère né à Oran, qui fut ainsi sacrifié pour un retour familial en Algérie qui n'eut jamais lieu. Le fils adoptif de mon père ne put revenir en France et y devenir professeur de mathématiques qu'après des années de galère administrative avec un arrêté d'expulsion qui le menaçait en permanence telle une épée de Damoclès.

Cette maison du retour chimérique en Algérie a coûté très cher à ma famille, au propre comme au figuré. Au moment où j'écris ces lignes, mon père y finit sa vie sans aucuns soins médicaux sérieux faute de personnel compétent dans son quartier, simplement accompagné de ma pauvre mère au bout du rouleau et loin de ses enfants qui ont tous fait leur vie en France, à rebours de la volonté paternelle. « *El ghourba mour'ra* », dit un dicton populaire algérien, ce qui signifie : « l'immigration est amère »...

« VOUS FINIREZ CLOCHARD ! »

L'ambiance était donc très tendue à la maison pendant mes années de collège, mais ce fut pire encore pendant mes années de lycée. Mon père était complètement obsédé par la construction d'une plus belle maison que celle de son frère. Alors, à force d'être maltraité et oublié au sein de ma propre famille, j'ai fini par devenir délinquant, comme tant de jeunes issus de l'immigration maghrébine malheureusement. Hormis le besoin d'argent très concret parce que mes parents ne m'en donnaient pas, d'autres facteurs me semblent avoir favorisé de manière déterminante mon entrée en délinquance. Ces facteurs sont à la fois psychologiques et sociologiques. Il y avait sans doute en moi un profond sentiment d'humiliation et d'injustice : pourquoi n'étais-je pas aussi bien loti que les Français de souche de mon âge, qui avaient de l'argent de poche et même, pour certains, une moto et une chambre à eux dans une belle maison, alors que nous étions entassés, mes trois frères et moi, dans une seule chambre ? Jamel Debouzze a fait un très bon sketch sur cette condition sociale précaire des enfants d'immigrés ; c'était une belle manière de la sublimer, mais quand on y est empêtré jusqu'au cou, on a beaucoup plus envie de se révolter contre son sort que d'en rire. En guise de sublimation, j'avais la musique, le chant et la poésie, mais cela ne suffisait pas à canaliser ma colère et mon désir de rébellion contre cette injustice. Je suis entré en délinquance crescendo, en commençant par de petits larcins dans un Monoprix. Je me souviens de la première chose que j'ai volée, avec le cœur qui battait la chamade : des rochers Suchard ! Encore mon besoin de douceur dans un monde de brutes ? Puis progressivement, je suis passé au stade plus sérieux du cambriolage de maisons. Pas n'importe quelles maisons dans un premier temps. Par une cruelle ironie du sort, notre HLM était environné d'une grande demeure bourgeoise appartenant au patron de ma mère et d'un petit château avec tourelles dont les propriétaires n'étaient autres que les parents de ce même patron. Et ces deux belles bâtisses se trouvaient ceintes de beaux et grands parcs, qui plus est. C'est pourquoi j'ai commencé ma courte carrière de cambrioleur dans le petit château. Et j'ai vécu ce baptême du feu avec mon meilleur ami Salim (qui n'était pas novice en la matière) et un jeune brigand local d'origine algérienne comme nous, qui ressemblait étonnamment au personnage du *Voleur de Bagdad* que j'avais vu à la télé. J'ai eu très peur, bien sûr, durant ce premier cambriolage. Je savais bien que j'étais en train de faire une grosse connerie, mais c'était plus fort que moi, il fallait que je foule les tapis luxueux de ces bourgeois propriétaires de l'usine où trimait ma mère. Ce fut comme pénétrer par effraction dans une vie qui m'était interdite à jamais, d'où la jouissance de le faire. Puis vint le cambriolage de trop. J'avais repéré la villa d'une professeure du lycée où j'étais élève en première à Roanne. Je fis le coup avec Salim et un autre copain de galère. Nous crûmes la maison vide, mais il y avait l'un des fils de cette professeure. Il avait eu le temps de se cacher sous son lit avant qu'on ne le voie. Il me reconnut parce que j'étais déjà venu dans cette villa avec son frère aîné, que je fréquentais un peu à l'époque. Alors il donna mon nom à ses parents, qui le transmirent aux gendarmes de Roanne.

Je me rappelle encore très bien ma pauvre mère pleurant du palier de notre appartement en me voyant arriver dans le hall du HLM. Je n'ai pas eu le temps de lui demander pourquoi elle sanglotait, car des gendarmes qui étaient en embuscade se ruèrent sur moi, me menottèrent et m'embarquèrent dans un fourgon. Une fois à la gendarmerie, le chef me fit entrer dans son bureau après une mise en scène d'intimidation par un agent feignant la colère et menaçant de me frapper. C'est une ruse classique qui vise à déstabiliser le prévenu afin qu'il se mette à table une fois déplacé dans un lieu plus rassurant. Puis il me dit cette parole qui est restée gravée dans ma mémoire : « J'ai trouvé ton cahier de poésie dans ton sac, comment un garçon qui écrit de si beaux poèmes peut-il être aussi voleur ? » C'est Jean Genet qui me donnera la réponse à cette question, quelques années plus tard, avec son fameux *Journal du voleur* : écrire, c'est voler des mots à la réalité qui nous fracasse.

Les gendarmes me relâchèrent dès le lendemain de mon arrestation. Alors naïvement, je rentrai chez moi en sachant très bien que j'allais me prendre la raclée de ma vie. Et mon père fut au rendez-vous... Il me dit, comme à son habitude avant un tabassage en règle : « Passe dans la chambre ! » Sa chambre ou la mienne, peu importait. Puis il commença sa sale besogne... Au début, je criai comme je criais à chaque fois, ensuite je me mis en boule – j'avais appris à le faire avec le temps – et je me tus. Ce jour-là, mon père me cogna comme jamais il ne me cogna. Et il hurlait : « Tu m'as sali ! Tu m'as sali ! » Par chance, un cousin germain qui se trouvait chez moi vint à ma rescousse, sans doute envoyé en urgence par ma mère, qui n'entendait plus mes cris de la salle à manger où elle se trouvait. Il s'interposa entre mon père et moi, il prit même des coups à ma place en suppliant mon tortionnaire d'arrêter, en lui disant qu'il allait finir par me tuer. Mais mon calvaire n'était pas terminé...

Après m'avoir tabassé, mon père me mit à la porte sans argent, sans rien. Je n'avais que les habits que je portais et mon sac en bandoulière avec mon cahier de poésie. J'eus ensuite l'idée naïve et irrationnelle de retourner dans mon lycée alors que je venais de cambrioler la maison de l'un de mes professeurs ! La surveillante générale, au caractère naturellement acariâtre, se mit à hurler de manière hystérique quand elle me vit à l'entrée de son bureau. Elle me prit par le haut de mon blouson comme on prend une chose sale et dégoûtante et me mena ainsi dans le bureau du proviseur. Je me souviens très bien encore de la tête furieuse de cet homme, de ses yeux injectés de sang, de sa moustache noire, de sa colère tout aussi noire et surtout de ses mots : « Vous n'avez aucun avenir ! Vous finirez clochard ! Sortez immédiatement de ce bureau et ne revenez plus jamais au lycée ! » Et je me souviens tout aussi bien de la seule réponse dont je fus capable face à cette autre statue du commandeur : « J'ai des problèmes, monsieur ! J'ai des problèmes ! » Tabassé et viré de la maison familiale par mon père, maudit et viré de mon lycée par le proviseur, je me suis dirigé l'âme et le corps brisés vers la gare de Roanne, ma ville natale. Puis, en fixant mon regard sur les rails du train, j'ai envisagé d'en finir avec cette vie décidément trop dure… Mais le Petit Poucet avait encore quelques cailloux dans sa poche pour continuer sa route, coûte que coûte.

NOTRE-DAME

J'étais donc arrivé au bout de la logique destructrice du bouc émissaire : exclu de chez moi, exclu du lycée, porteur de fautes, irrémédiablement coupable, sale et salissant, bon à abattre. Aujourd'hui, avec le recul, je me dis que si je suis devenu une petite frappe, à l'adolescence, c'est pour que mes parents s'occupent *vraiment* de moi, et non pas seulement de leur maudit projet de retour en Algérie qui aspirait tout, argent et affection. J'ai compris aussi que dans la culture maghrébine sclérosante de mes parents, il n'était pas possible pour moi d'être un *sujet libre* : j'étais avant tout pour eux un membre d'une famille et d'une communauté fantasmée. C'est ma psychanalyse, commencée à l'âge de trente ans, qui me conduira à le devenir – mais peut-être que mes transgressions adolescentes furent les prémices de cet accès futur à la vraie liberté ? Ne devient-on pas libre en transgressant ? Le délinquant n'expérimente-t-il pas une liberté que la société lui refuse ? Cela expliquerait aussi une certaine fascination d'honnêtes gens en manque de liberté pour des hors-la-loi, des *bad boys*. Car au fond, qu'est-ce que la liberté ? Bien sûr, il ne faut pas faire à autrui ce qu'on ne voudrait pas qu'on nous fasse, et ma liberté s'arrête où commence celle d'autrui. Mais si je me sens totalement aliéné, sans liberté, que valent ces principes moraux ? Alors je transgresse la loi de la communauté dans laquelle je vis depuis ma naissance pour que cette communauté prenne ses responsabilités et me donne mon dû : *ma liberté* précisément. C'est pourquoi je crois aujourd'hui que le délinquant n'a pas tant besoin d'argent et de biens matériels que de liberté, laquelle est la condition nécessaire du sentiment de dignité.

À la rue à l'âge de quinze ans, j'eus l'idée d'appeler à l'aide un ex-directeur de la MJC de mon village qui avait été muté à Villeurbanne : Robert. Je fis la manche pour avoir quelques pièces me permettant d'appeler ce possible Bon Samaritain. Un chauffeur de bus réputé pour son racisme dans la région me « rappela », avec un sourire narquois, que la mendicité était interdite en France. Connard ! Je réussis tout de même à récolter quelques pièces qui me permirent de donner ce coup de fil vital pour moi. Robert me dit alors au téléphone de me débrouiller pour venir jusqu'à son bureau à Villeurbanne. Je pris un train et un métro en fraudant pour le rejoindre, et je me rappelle ses mots si bons quand il m'accueillit : « Tu dois avoir faim, tiens, prends ce porte-monnaie et achète-toi tout ce que tu veux à manger dans la boulangerie du quartier. » J'étais passé de deux hommes sans pitié, mon père et le proviseur de mon lycée, à un homme plein de miséricorde et d'amour. Robert était un homme exceptionnel. L'un de ces directeurs de MJC de la génération de Mai 68 avec lesquels on pouvait acquérir quelques repères et valeurs. Il avait des cheveux longs, un style hippie, beaucoup d'entrain et d'énergie, et un cœur gros comme ça. Il m'hébergea quelques jours chez lui puis appela mon père pour qu'il revienne à la raison et me reprenne sous sa responsabilité. C'est donc grâce à Robert que je pus retrouver le toit familial. Merci à toi, l'ami et frère en humanité, je n'oublierai jamais ce que tu as fait pour l'adolescent cabossé que je fus. Le psychiatre et psychanalyste Boris Cyrulnik considère qu'un résilient doit sa survie et son épanouissement à deux facteurs essentiels : ses ressources psychiques propres et des rencontres providentielles. C'est parfaitement vrai, je l'ai expérimenté moi-même.

Mon père me reprit sous son toit et ne leva plus jamais la main sur moi, mais il ne renonça pas pour autant à me blesser verbalement pendant des années encore, parce que c'était plus fort que lui. Il prit rendez-vous avec une assistante sociale, qui trouva un lycée catholique voulant bien de moi en cours d'année. C'était le lycée Notre-Dame à Charlieu, une petite bourgade dans le département de la Loire. C'est ainsi que j'ai débarqué dans l'enseignement catholique, d'abord en tant qu'élève puis, quelques années plus tard, en tant que surveillant, documentaliste et professeur de philosophie. *Mektoub*. Au début, j'eus beaucoup de mal à m'intégrer à ce lycée privé, où j'étais le seul Français d'origine maghrébine et où beaucoup d'élèves étaient des petits-bourgeois de droite et d'extrême droite. Un jour, j'entendis fuser une insulte raciste du fond de la cour de récréation, alors j'attrapai l'un de ces petits cons et lui cassai la gueule pour marquer mon territoire et me faire respecter une bonne fois pour toutes. Car la vie avait fait de moi un animal blessé capable de violence. Mon père lui-même avait vivement incité ses fils à savoir se battre et il aimait nous montrer une cicatrice qu'il avait au cou, souvenir d'une rixe avec lame de rasoir qui avait failli lui coûter la vie dans sa jeunesse. Il était fier de cette marque qui prouvait à ses propres yeux qu'il était un homme. C'est pourquoi il nous avait inscrits, mes frères et moi, au club de judo de notre village, et il appréciait beaucoup qu'on lui ramène des médailles de nos compétitions. Il voulait faire de nous des hommes virils selon sa conception de la virilité. Quand je vois aujourd'hui de jeunes djihadistes de Daech animés par la même bêtise machiste, je conçois encore mieux les dégâts qu'une telle pseudo-éducation peut causer.

Je commis encore quelques menus larcins au lycée Notre-Dame puis, pour plusieurs raisons, je finis par « rentrer dans le rang », la principale étant que je voulais réussir mon bac par souci de mon avenir, mais aussi probablement pour prouver au proviseur du lycée public qui m'avait prédit un avenir de clochard que je pouvais réussir brillamment, au contraire. De nouveau, il y eut des rencontres providentielles : un surveillant général qui me donnait de l'argent de poche dans une enveloppe pendant des devoirs surveillés pour pouvoir me payer mes clopes et mes cafés, un professeur de philosophie un peu fou mais très bon pédagogue qui me transmit le goût de philosopher, et une professeure de mathématiques très belle et très gentille dont j'étais secrètement amoureux et pour laquelle je voulais me dépasser. Je finis par décrocher mon bac A1 (philosophie-mathématiques) avec mention bien, à six points seulement de la mention très bien, manquée à cause d'une mauvaise note à l'écrit de français en première, l'année noire de mon adolescence. Quelle fierté ! Quelle victoire ! Quelle revanche sur le sort ! J'eus dix-neuf sur vingt en philosophie et en mathématiques, les deux plus gros coefficients de mon bac. Mon professeur de philosophie vint en personne me chercher chez moi afin de rejoindre le directeur et les élèves de terminale réunis au lycée pour fêter au champagne leur réussite. J'en fus très honoré, mais je trinquai avec un verre d'eau parce que je ne buvais pas encore d'alcool à cette époque. J'ai d'ailleurs passé toutes mes épreuves du bac en jeûnant. Elles se déroulèrent en effet durant le mois de ramadan, à un moment de l'année où les journées sont les plus longues et où la chaleur estivale commence à se faire sentir rudement. Mon père fut aussi très fier de moi, et sa joie redoubla quand il apprit qu'un de mes deux frères aînés avait obtenu son bac électrotechnique à Alger au même moment. Il avait déjà envoyé mes deux grands frères en Algérie, comme des éclaireurs, en quelque sorte, car mes parents avaient bel et bien l'intention de réunir tous leurs fils autour d'eux dans leur grande « maison du bled ». Évidemment, rien ne fonctionna comme ils l'avaient imaginé. Mon père invita des immigrés algériens de notre village, pères de famille comme lui, pour se vanter auprès d'eux de la réussite de ses deux fils.

Ma mère fit un copieux repas pour ces invités jouant le rôle de faire-valoir, et mon père put se pavaner devant eux comme il aimait tant le faire, parce qu'il fêtait surtout sa propre réussite… En tout cas, j'avais enfin mon bac en poche ! Obtenu avec panache qui plus est ! Mon avenir devint bien plus souriant, j'avais enfin un vrai passeport pour le bonheur et pour la liberté. Car avoir le bac signifiait que j'allais pouvoir vivre à Lyon pour suivre des études supérieures, donc devenir autonome loin de mes parents. Enfin la liberté ! Enfin un peu de joie de vivre ! L'horizon se dégageait. Le Petit Poucet avait bien fait de ne pas se jeter sous un train, la vie pouvait continuer maintenant vers de nouvelles aventures, de nouvelles rencontres, de nouvelles découvertes, inch Allah…

SECONDE PARTIE

DE *LIBÉ* AU LYCÉE AVERROÈS

ÉTUDIANT INCONSTANT ET JOURNALISTE EN HERBE

Je pus m'installer à Lyon dans une petite chambre universitaire, juste au-dessus de la gare Lyon-Perrache. C'était l'année scolaire 1985-1986. Mon professeur de philosophie en terminale me conseilla avec insistance de m'inscrire à Sciences Po pour ensuite intégrer l'ENA, car il me prédisait une belle carrière politique dont je ne rêvais absolument pas. J'ai cru comprendre à l'époque qu'il voulait que des jeunes issus de l'immigration comme moi entrent en politique pour faire progresser les droits des immigrés et des minorités ethniques, mais était-ce la vraie raison de son conseil ? Mon désir était plutôt d'être professeur de philosophie comme lui, parce que je m'étais pris de passion pour cette matière, parce que je voulais faire de la philosophie mon métier. Mais il insista tant pour que j'intègre Sciences Po que je passai le concours d'entrée avec succès et me retrouvai sur les bancs de cette école prestigieuse.

Ce professeur de philosophie était devenu mon mentor par accident, en quelque sorte. Durant mon année de terminale, c'était plutôt une *rivalité mimétique* qui animait notre relation, au sens que René Girard a donné à cette expression. Je me souviens d'un jour où je fis un exposé sur *L'Idéologie allemande*, de Marx et Engels. J'avais travaillé des heures sur cette œuvre en amont et je débordai le temps imparti, à tel point que le professeur quitta la salle de classe en disant à la cantonade : « Si M. Zitouni veut faire le cours à ma place, qu'il le fasse ! »

Ce professeur de philosophie trentenaire et quelque peu névrosé flirtait avec une fille de ma classe qu'il avait réussi à séduire et à laquelle il distribuait de très bonnes notes, tandis que les miennes ne décollaient pas malgré un travail sérieux et constant. Le vent tourna en ma faveur à partir du moment où je lui racontai ma petite vie déjà bien cabossée. Je pense qu'il en fut sincèrement ému, car, un jour, il donna à toute ma classe le sujet suivant : « Récupérer l'irrécupérable. » Je compris immédiatement qu'il m'était directement destiné. Effectivement, j'en avais des choses à dire sur ce sujet, à seulement dix-sept ans… Il me fit la surprise de me rendre ma copie au café où j'avais l'habitude d'aller avant mes cours matinaux, pour m'annoncer qu'il m'avait mis dix-sept sur vingt. Ma première bonne note en philosophie, et avec ce sujet en particulier. Ce geste me marqua durablement et je pris enfin confiance en ma capacité à penser. Mais ce malin de prof de philo s'était aussi rapproché de moi pour me soutirer des informations sur l'élève avec laquelle il flirtait. Il fut donc un professeur-mentor très particulier, ambivalent comme mon père… Après mon bac, il me révélera qu'il était franc-maçon au Grand Orient de France (GODF) et il me présentera le vénérable de sa Loge pour me recruter dans leurs rangs alors que j'avais à peine dix-huit ans. Je me souviens que ce vénérable était venu dans la mansarde lyonnaise de mon ex-professeur, où nous avions rendez-vous, armé d'une encyclopédie de la franc-maçonnerie pour me prouver que l'émir Abdelkader était franc-maçon et qu'il n'y avait donc pas d'obstacle pour initier le jeune musulman d'origine algérienne que j'étais. Je déclinai cette première invitation parce que ce n'était vraiment pas le moment pour moi d'entrer dans cette secte bizarre dont je ne pouvais comprendre l'utilité ; mais le destin me fera retrouver ce professeur quand j'aurai trente-trois ans, pour être initié, cette fois, au grade d'Apprenti.

Parallèlement à mes cours à Sciences Po, je m'étais inscrit à la faculté de philosophie de l'université Lyon III, dont le doyen était François Dagognet. Je me rappelle encore très bien cet homme délicieux, doté d'une grande intelligence, me disant qu'il voulait faire du *racisme à l'envers* avec moi. Quelle belle rencontre là aussi. M. Dagognet fait partie de ces beaux êtres humains croisés sur mon chemin qui ont semé en moi des graines d'espoir dans un monde où j'étais effectivement confronté au racisme ordinaire depuis mon enfance. À Sciences Po, d'ailleurs, des étudiants imbéciles avaient vidé un tube de colle sur le dos d'une veste flambant neuve que j'avais achetée pour « présenter la personnalité », comme me l'avait conseillé mon père. J'ai bien compris pourquoi ces crétins racistes m'avaient fait cette vacherie de manière sournoise.

Parmi mes professeurs, j'ai eu la chance d'avoir Luc Ferry en philosophie politique. C'était un excellent pédagogue, je me suis régalé avec ses cours. Il commençait à être connu grâce à ses bouquins coécrits avec Alain Renaut, en particulier leur brûlot iconoclaste contre la « pensée 68[1] ». Ce livre fut un véritable crime de lèse-majesté pour les adeptes de Deleuze, de Foucault, d'Althusser et de Bourdieu. Mais ces effrontés de Ferry et Renaut eurent le mérite de souffler un vent frais sur cette intelligentsia de gauche devenue effectivement dogmatique et sectaire dans un paradoxe intenable. Cependant, je considère que Luc Ferry n'est aujourd'hui ni un philosophe ni un homme politique, mais plutôt un historien de la philosophie, un bon pédagogue, qui a exploité avec succès le même filon que les Comte-Sponville, Onfray et autres Lenoir : fournir un ersatz de sens à des êtres humains toujours aussi déboussolés par la « mort de Dieu » depuis Nietzsche.

Je ne fus pas un étudiant très sérieux lors de cette première année universitaire, car j'eus d'autres fers au feu, dont la création totalement inattendue d'un magazine estudiantin commandé par un syndicat communiste, l'AGEL-UNEF (Association générale des étudiants de Lyon – Union nationale des étudiants de France). J'avais quitté ma petite chambre universitaire de neuf mètres carrés pour une colocation dans un grand appartement de type F5, au quinzième étage

1. Luc Ferry, Alain Renaut, *La Pensée 68*, Paris, Gallimard, coll. « Le monde actuel », 1985.

d'une tour de Vaulx-en-Velin. Changement de décor radical ! C'est un ami de mon village d'enfance qui me proposa de partager avec lui et d'autres étudiants cet appartement avec une vue imprenable sur cette banlieue rouge sinistre. À quelques étages au-dessous de chez nous, il y avait un couple d'étudiants communistes qui m'avaient parlé du projet de l'AGEL-UNEF de créer un mensuel engagé politiquement et à destination des étudiants lyonnais. Je contactai alors sans trop y croire un responsable de ce syndicat, qui, à ma grande surprise, me confia la responsabilité d'élaborer le magazine. Il m'attribua même un bureau au cœur de la faculté de médecine de Lyon pour y travailler. Je n'en revenais pas. Pourquoi moi ? J'avais le vague souhait de devenir journaliste depuis mon inscription à Sciences Po, mais mon véritable désir était d'être professeur de philosophie. Comme je le fis souvent au cours de mon existence, je me laissai porter par cette expérience inattendue, par curiosité, pour vivre une aventure a priori enrichissante. Et quel honneur pour moi que d'avoir mon propre bureau à la faculté de médecine à l'âge de dix-huit ans ! Je repensai aux paroles de mon père à ses fils : « Je ne veux pas que vous alliez à l'usine avec une musette comme moi, je veux que vous travailliez avec un stylo, un cartable, un téléphone, et que vous vous habilliez toujours bien pour "présenter la personnalité". » J'y étais ! J'avais mon bureau, mon téléphone, et je m'étais même acheté un attaché-case avec code. Je me mis au travail et adieu les études ! Avec un responsable de l'AGEL-UNEF, nous décidâmes de nommer le magazine *Étudiants-Impact*, pour marquer son engagement politique. Je fis mes premières interviews avec Harlem Désir, tout jeune président de SOS Racisme, et la chanteuse Valérie Lagrange, passée aux oubliettes depuis, mais qui fut une figure de proue des Chanteurs sans frontières, une bande de célébrités médiatiques qui se mobilisa contre une grande famine en Éthiopie en 1985. Mais *Étudiants-Impact* fit long feu et disparut des amphis des facultés lyonnaises au bout de quelques numéros. Ce fut juste une comète dans le ciel estudiantin de la capitale des Gaules, mais qui me permit de travailler par la suite pour un journal qui aura un rôle fondamental dans mon existence : *Libération*.

LIBÉ

Fatima, une fraîche conquête de mon professeur de philosophie de terminale, me parla un jour du projet de Serge July de créer un journal concurrent de *Lyon-Figaro* qui s'appellerait *Lyon-Libération*, et me conseilla d'envoyer ma candidature aux responsables de ce nouveau quotidien lyonnais avec quelques articles du magazine *Étudiants-Impact*. Évidemment, je ne crus pas du tout à mes chances d'être recruté par un journal aussi prestigieux que *Libération* et dont l'un des pères fondateurs n'était autre que le célèbre philosophe Jean-Paul Sartre. J'avais dix-neuf ans et je me percevais plutôt comme un jeune écrivaillon indigne d'une telle promotion. Mais Fatima insista, et comme elle a bien fait ! J'envoyai donc une candidature spontanée à l'équipe des concepteurs de ce nouveau journal lyonnais, et à ma grande surprise, encore une fois, je fus recruté.

Avant d'évoquer les ressorts de cette embauche miraculeuse pour moi à l'époque, j'aimerais dire un mot sur le pourquoi de ce pari de Serge July. En réalité, la cible du directeur de *Libération* était Robert Hersant, un magnat de la presse, une sorte de Citizen Kane français de droite, surnommé « le papivore » dans les années quatre-vingt parce qu'il était animé par une boulimie d'achats de journaux. Dans sa rage d'acquérir toujours plus de titres, il avait acheté *Le Figaro*, fleuron de son entreprise mégalomaniaque, et un grand nombre de quotidiens locaux dans toute la France, dont *Le Progrès* lyonnais. Cet opportuniste cynique et mercenaire (qui correspond parfaitement à la chanson célèbre de Jacques Dutronc *L'Opportuniste*) avait été tour à tour d'extrême droite, de gauche, puis de droite. Quand Hersant créa *Lyon-Figaro*, dans sa période « de droite », July voulut allumer un contre-feu de gauche au cœur de la capitale des Gaules en créant le journal *Lyon-Libération*. Une belle aventure en perspective mais qui ne durera que quelques années.

Un jour que je rentrais chez moi dans ma tour de Vaulx-en-Velin, mon cousin et colocataire Nouredine me dit qu'un certain Cresselle, du journal *Libération*, avait appelé et qu'il fallait que je le recontacte. Mon cœur battit la chamade à tout rompre. *Libé* voulait bien de moi ! Incroyable ! C'était le début de l'été 1986 et nous étions en plein ramadan. J'appelai ce M. Cresselle sur-le-champ, mais quand je l'eus au téléphone, il rectifia son nom en riant : c'était le grand reporter parisien Michel Cressole. Il me dit qu'il voulait me rencontrer parce qu'il était intéressé par ma candidature et m'invita à déjeuner dans un restaurant près de la place des Terreaux. J'acceptai cette invitation sans hésiter, mais, après avoir raccroché, je me rappelai que j'étais en plein ramadan ! Que faire ? Ne voulant pas rater ce rendez-vous très important pour moi, je décidai de rompre mon jeûne au moment de ce déjeuner. Allah me pardonnerait bien ce petit coup de canif dans la charia, car c'était mon avenir qui était en jeu.

Michel était un homme charmant, plein de gaieté et d'humour. Je n'ai pas tout de suite compris qu'il était homosexuel. Il avait une certaine élégance vestimentaire et dans sa façon de parler. Nous commandâmes nos plats ; j'ai brisé mon jeûne avec une feuille de salade au moment où le soleil était à son zénith. Généralement, on rompt le jeûne du ramadan au crépuscule avec un verre de lait et des dattes, puis on enchaîne avec une chorba, une *chicha* ou une *h'rira*, ces soupes chaudes, délicieuses, qui font tellement de bien à l'estomac après une rude journée d'abstinence alimentaire. Mais là, avec une feuille de salade et à midi en plus, un repère culturel fondamental pour moi s'effondrait. Ma vie de musulman était en train de basculer, et de manière bien plus profonde que je ne l'imaginais au moment de ce déjeuner. Michel me complimenta pour mes articles et mes interviews dans le magazine *Étudiants-Impact*, puis tout s'enchaîna très vite. Il me proposa de faire un stage express au siège parisien du journal avant le lancement de *Lyon-Libération* et de m'héberger dans son appartement, situé dans le célèbre quartier de Saint-Germain-des-Prés. Je n'en croyais pas mes oreilles. Pourquoi cette chance ? Pourquoi moi ? Michel avait « flashé » sur la photographie de mon CV, comme il me l'avouera plus tard, mais il aurait pu se contenter de me draguer gentiment sans me dérouler ce tapis rouge pour entrer de plain-pied dans le monde de la presse française. Je n'étais toujours pas homosexuel, mais naturellement et mystérieusement nous tombâmes dans les bras l'un de l'autre... Michel devint alors à la fois un nouveau mentor déterminant dans ma jeune existence et un amant. Sexuellement, je fus hétérosexuel avec lui, si je puis dire, car j'étais actif et lui passif. Il me confia d'ailleurs un jour que c'était ce qu'il aimait et qu'il n'était pas du tout attiré par les « folles » (sic) comme lui ! Étrange paradoxe. Je commençai à découvrir le monde fascinant et très complexe de l'homosexualité.

Michel fut un membre actif du Front homosexuel d'action révolutionnaire (FHAR), dans les années soixante-dix, avec son grand ami Guy Hocquenghem, l'un des pionniers du journal *Libération* et un romancier de talent malheureusement trop vite oublié. C'est Guy qui fera embaucher Michel à *Libé*, au service télévision du quotidien, qui commençait à prendre de l'ampleur à la fin des années soixante-dix. Et c'est dans ce même service que je fis mon stage parisien, dans le quartier de Barbès où *Libération* se trouvait en 1986. Là-bas, j'ai travaillé dans ce que j'ai appelé parfois « la cage aux folles » de *Libé*. J'étais au côté de Serge Daney, Gérard Lefort, Olivier Séguret, Philippe Houmous (un pseudo qui veut dire pois chiche, en arabe) et l'inénarrable transsexuelle Hélène Hazera (la décence m'empêche de révéler la signification arabe de son « patronyme »...). J'ai lu récemment sur un blog de Rue 89 ces propos de Jackie Berroyer, qui a travaillé à *Charlie Hebdo* dans les années soixante-dix : « À l'époque, on disait que *Libé*, c'était le journal des pédés et *Hara-Kiri* ou *Charlie*, le journal des buveurs de gros rouge. » Pour *Libé*, je peux témoigner que dans les années quatre-vingt, il y avait en effet pas mal de pédés dans la rédaction. Et un certain nombre d'entre eux, dont mon mentor et amant Michel Cressole, décéderont du sida durant cette décennie noire pour la communauté homosexuelle. J'ai toujours eu des rapports protégés avec lui, Dieu merci ; nous étions en plein pic de l'épidémie, les homosexuels tombaient comme des mouches, ce fut une véritable hécatombe. Quand je l'ai connu, Michel n'avait pas encore fait le test, comme d'autres homos de sa génération, sans doute par peur de se confronter à la tragique vérité. Il m'a même dit un jour qu'il avait acheté un revolver pour se suicider au cas où il apprendrait qu'il était séropositif. Cela m'avait bouleversé et affolé. Il tenta de me rassurer ensuite en me disant qu'il m'avait menti, mais je savais bien que c'était à ce moment-là qu'il me mentait. Finalement, il ne mit pas fin à ses jours quand il apprit la mauvaise nouvelle, sans doute parce qu'il aimait trop la vie pour le faire ou tout simplement par peur de mourir. C'est cette saloperie de sida qui s'en chargera au début de l'automne 1995. Il avait quarante-sept ans.

Un jour, Michel m'a emmené en vacances avec lui dans une belle maison de campagne située dans le Berry et appartenant à Guy Hocquenghem et à René Schérer, un philosophe libertaire amateur d'adolescents et frère du cinéaste Éric Rohmer. Sur place, j'ai rencontré aussi le pauvre Copi, qui souffrait du sarcome de Kaposi, provoqué par le sida. C'est un cancer de la peau terrible qui provoque des tumeurs violacées apparaissant comme autant de stigmates sur le corps. Copi en était couvert. J'ai éprouvé une grande compassion pour lui. C'était un homme délicieux, très doux. Je l'avais déjà vu à la télévision, car il avait joué le rôle d'une soubrette déjantée dans une publicité pour Perrier qui eut un grand succès. Le célèbre « C'est fou, non ? », c'était lui. En tant que dessinateur, il avait collaboré avec *Libération*, *Hara-Kiri*, *Charlie Hebdo* et *Le Nouvel Observateur*, qui avait publié sa fameuse *Femme assise*. Il s'engagea également pour la cause homosexuelle. Je me souviens de dîners avec lui vers la fin de sa vie, il picorait comme un petit oiseau et parlait avec une voix très douce, avec un accent argentin charmant. Oui, c'était bien cela, Copi, un bel et frêle oiseau venu du ciel d'Argentine picoter des têtes françaises trop bien pensantes, un homosexuel assumé qui voulait mettre quelques grains de folie dans les rouages d'une société grippés par trop de conformisme.

Guy Hocquenghem était déjà malade lui aussi. Son dernier livre, *Les Voyages et aventures extraordinaires du frère Angelo*, raconte l'histoire d'un moine déchiré par la contradiction entre son amour pour Dieu et son désir charnel d'un simple mortel. Il ne faut pas se méprendre sur Guy, il était travaillé au plus profond de son être par la question de la foi. Son autre grand livre religieux est *La Colère de l'Agneau*, un étonnant et palpitant récit de la vie de saint Jean l'Évangéliste. Et même son avant-dernier roman, *Ève*, qu'il me dédicaça avec tendresse, est traversé par la question du sens de l'existence humaine posée du fond de l'enfer du sida. Bien sûr, en tant que personnage public de gauche et militant très actif pour la cause homosexuelle, il ne pouvait afficher ses tourments métaphysiques. Mais sa maladie mortelle le ramena à l'essentiel, j'ose l'écrire ici. Et cet essentiel, c'est la réponse à cette question fondamentale que trop d'êtres humains évacuent par peur de s'y confronter sincèrement, comme l'a bien compris Pascal : pourquoi sommes-nous sur terre ? Le père fondateur du journal *Libération,* Jean-Paul Sartre, a cru liquider cette question dans son livre *L'Être et le Néant*, en affirmant avec un culot incroyable que l'homme est sur terre pour rien ! Cette philosophie existentialiste athée fera florès en France et dans le monde entier à partir des années cinquante. Guy Hocquenghem faisait partie d'une génération d'intellectuels et de militants de gauche biberonnés à cette vision du monde. « Si Dieu n'existait pas, tout serait permis » est une citation extraite d'un roman de Dostoïevski, *Les Frères Karamazov*, dont Sartre disait qu'elle résume à elle seule sa philosophie athée, et cela dans une totale mécompréhension de l'œuvre du grand romancier russe habitée de bout en bout par une foi chrétienne profonde. « Il est interdit d'interdire » : ce fameux slogan de Mai 68 allait bien plus dans le sens de l'existentialisme athée de Sartre. Le XXe siècle a eu besoin de ces soixante-huitards sartriens, ou nietzschéens si l'on préfère (Sartre n'étant qu'un continuateur de Nietzsche en quelque sorte, tout comme Michel Onfray aujourd'hui, en pire), parce qu'il fallait effectivement briser les idoles d'une religiosité chrétienne devenue pathologique et pathogène. Mais l'athéisme briseur d'idoles est une passerelle possible vers une foi en Dieu authentique et non pas seulement la fin de toute spiritualité, comme le claironne à longueur de livres et d'interviews le sophiste contemporain Michel Onfray. Guy Hocquenghem a pressenti le grand mystère divin de la vie avant de mourir du sida, j'en suis convaincu. Que ces hommes fauchés par cette maladie impitoyable reposent en paix. Et ceux qui ont osé et osent encore la qualifier de malédiction divine sont des imbéciles qui oublient que le cancer et d'autres maladies mortelles tuent aussi des innocents, dont des enfants, scandale absolu. Aucune maladie humaine n'est une malédiction divine, bien que beaucoup soient sans doute des « mal-à-dire »... Ces homosexuels soixante-huitards morts du sida n'eurent d'autre tort que de vouloir « jouir sans entraves ». Mais ce désir d'une vie paradisiaque sans plus aucun interdit est-il aussi illégitime qu'il paraît ? N'est-il pas, au contraire, le moteur de toutes les religions, leur finalité ultime ? Quand on lit les descriptions coraniques du paradis, on voit que dans l'au-delà promis par Allah aux hommes justes la jouissance n'est plus entravée. C'est pourquoi certains maîtres soufis sont allés jusqu'à affirmer que tout être humain aspire à Dieu, qu'il en ait conscience ou pas, et que seuls les moyens pour y parvenir varient d'un individu à l'autre. Le clochard qui se saoule avec de la vinasse et le derviche soufi qui s'enivre de danses et de chants de louanges à Dieu vont dans la même direction par des chemins différents, aussi étonnant que cela puisse paraître. Un jour, j'ai vu à même le sol un SDF d'origine maghrébine réciter le Coran avec une très belle voix, en buvant du rouge au goulot. J'en ai pleuré d'émotion, car la foi de cette pauvre créature de Dieu m'est apparue bien plus grande que celle de millions de pharisiens musulmans qui croient que le paradis d'Allah leur est acquis grâce à leur zèle hypocrite. Il faut lire et méditer la parabole évangélique du pharisien et du publicain pour comprendre ce que je dis là. Mais qui lit vraiment la Bible ? Et qui lit vraiment le Coran ? Sans doute pas ceux qui se targuent de le faire.

LA PREMIÈRE GORGÉE DE BIÈRE ET AUTRES PLAISIRS INTERDITS

C'est avec Michel qu'à l'âge de dix-neuf ans, j'ai bu ma première bière, mon premier verre de vin et mangé ma première tranche de jambon. Je devins ainsi, comme le dit avec dégoût l'un des fameux Mangeclous d'Albert Cohen, un « mangeur de porc ». Il me faut dire un mot ici sur ce tabou du cochon dans la religion islamique. J'ai connu des personnes de culture musulmane qui buvaient de l'alcool, qui ne jeûnaient pas pendant le mois de ramadan, qui ne priaient pas et qui ne croyaient pas même en Allah, mais qui refusaient catégoriquement de manger du porc. Cet interdit tenace, ce tabou absolu profondément enraciné dans l'inconscient collectif musulman m'a longtemps questionné, pour ne pas dire torturé. Par culpabilité d'être devenu un mangeur de cette chair interdite par Allah, ma consommation en fut longtemps intermittente. Dans le roman d'Albert Cohen, *Mangeclous*, on voit bien que pour ces juifs de l'île de Céphalonie, manger du porc équivaut à devenir un goy voué à l'enfer. C'est une trahison impardonnable, un acte sacrilège qui fait du consommateur de porc un être impur. Je crois que la clé de compréhension de ce tabou réside précisément dans cette dichotomie entre le pur et l'impur. Le Coran lui-même va dans ce sens puisqu'il affirme que le porc contient une impureté, sans préciser en quoi elle consiste. Depuis quatorze siècles, des millions de musulmans s'abstiennent de manger cette viande parce que le Coran leur interdit de le faire, et cela sans aucun recul critique. La parole d'Allah ne se discute pas, c'est interdit, un point c'est tout ! Bien sûr, comme pour la circoncision, une argumentation hygiéniste pseudo-scientifique est souvent avancée pour justifier ce tabou irrationnel. Mais cette démonstration ne vaut pas un clou. Un jour, j'ai questionné un psychiatre soufi sur cet « interdit alimentaire », et il m'a répondu avec dégoût et émotion que le porc était coprophage et qu'il véhiculait de nombreuses maladies, dont des parasites très dangereux pour l'homme. Je fus stupéfait de constater tant de dogmatisme et d'ignorance chez cet homme de science qui s'affichait pourtant comme très évolué spirituellement. Un comble pour un soufi, qui se doit d'être humble.

Comment expliquer ce tabou du porc si tenace dans le judaïsme et l'islam ? Les chrétiens ont réglé la question depuis deux millénaires grâce à ces merveilleuses paroles de Jésus dans l'Évangile de Matthieu : « Ce n'est pas ce qui entre dans la bouche qui souille l'homme, mais ce qui sort de la bouche, c'est ce qui souille l'homme. [...] Ne comprenez-vous pas que tout ce qui entre dans la bouche va dans le ventre, puis est jeté dans les lieux secrets ? Mais ce qui sort de la bouche vient du cœur, et c'est ce qui souille l'homme. Car c'est du cœur que viennent les mauvaises pensées, les meurtres, les adultères, les impudicités, les vols, les faux témoignages, les calomnies. Voilà les choses qui souillent l'homme »[1]. Les musulmans et les juifs, eux, pensent encore très sérieusement que manger du porc peut les souiller. Pourquoi cette obsession de la pureté ? Il y a au moins deux explications possibles, qui relèvent à la fois de l'anthropologie et de l'histoire des religions[2].

Les Hébreux et les Arabes furent des peuples nomades et pastoraux, ils ne consommaient donc principalement que la chair animale provenant de leurs troupeaux de bovidés ou de la chasse. Mais ils croisèrent sans doute, pendant leurs diverses migrations, des peuples sédentaires qui eux élevaient des porcs et les consommaient. Ce fut donc probablement pour se différencier de ces peuples sédentaires « mangeurs de porc » et adorateurs d'autres dieux que le tabou autour de cet animal commença à s'imposer au sein des populations nomades hébraïques et arabes. C'est pourquoi l'interdiction de manger du porc a une fonction éminemment identitaire : ceux qui en mangent ne sont pas de notre communauté et n'adorent pas le vrai Dieu, ils sont donc impurs. Voilà comment l'autre devient impur et infréquentable du seul fait qu'il n'a pas les mêmes coutumes alimentaires ni les mêmes croyances.

1. La Bible, *op. cit.*

2. *Cf. De la domestication au tabou. Le cas des suidés au Proche-Orient ancien*, sous la direction de Brigitte Lion et Cécile Michel, Paris, De Boccard, 2006.

L'autre explication possible est d'ordre religieux et symbolique. Dans l'Égypte antique, Seth, dieu représentant le chaos et ennemi juré d'Osiris, le dieu juste et bon, était symbolisé par le porc. C'est pourquoi les grands prêtres de cette religion égyptienne antique ne consommaient pas la chair de cet animal, pour ne pas être contaminés par le mauvais esprit de Seth. Or, à l'évidence, le judaïsme et l'islam ont un ancrage égyptien fondamental, cela saute aux yeux quand on lit sérieusement la Bible et le Coran : la mère d'Ismaël, patriarche des Arabes et ancêtre de Mahomet, est une esclave égyptienne, les prophètes Moïse et Joseph ont été élevés à la cour de Pharaon, etc. Et certains historiens ont même avancé l'hypothèse que le monothéisme pourrait être né dans l'Égypte antique et non pas en Mésopotamie, où la religion dominante fut plutôt celle de la Grande Mère.

Ces deux facteurs – se différencier des autres peuples par un régime alimentaire spécifique et ne pas manger la chair d'un animal symbolisant le mal – expliquent bien mieux le tabou du porc que la pseudo-argumentation hygiéniste utilisée aujourd'hui par des musulmans, des juifs et même des intégristes religieux américains obsédés par la pureté. Les notions mêmes de nourriture halal et casher vont dans ce sens : manger ainsi, c'est se distinguer des autres communautés, pour ne pas dire s'opposer à elles, en instituant symboliquement sa nourriture du côté de la pureté et les autres types de nourriture du côté de l'impureté. Rien de mieux pour favoriser le communautarisme et le sectarisme. Alors que toute nourriture bénéfique pour la santé devrait être considérée comme halal ou casher, un point c'est tout !

Qu'en est-il de la viande de porc ? C'est la chair animale la plus consommée au monde. Des milliards d'êtres humains en mangent depuis des milliers d'années, et la diététique contemporaine en vante les nombreuses vertus nutritionnelles. Alors Allah/Yahvé se serait-Il trompé ? La sacralisation, pour ne pas dire l'idolâtrie, du texte coranique empêche tout débat sur ces questions des interdits alimentaires au sein de l'islam. Il en va de même pour le vin : la médecine contemporaine conseille un ou deux verres de vin par jour en prévention des maladies cardio-vasculaires. Là aussi, Allah s'est-Il trompé ? À moins que ce ne soit Son prophète Mahomet ? Qui dit vrai ? Le Coran ou la science ? D'après le grand philosophe Averroès, il ne peut y avoir de contradiction entre la vérité scientifique et la vérité coranique. Que penser de ces versets prescriptifs qui n'ont plus beaucoup de sens aujourd'hui ? Il faudra bien, un jour ou l'autre, que les musulmans reconnaissent que leur livre sacré a été écrit par des hommes, rien que des hommes, même si on peut reconnaître aussi une parole divine authentique, un verbe inspiré dans de nombreux versets. Mais le Coran n'est pas parfait, loin de là. Alors, quand des musulmans auront-ils le courage et l'honnêteté de le reconnaître ? Les chrétiens ont fait ce travail critique de leur Bible durant des siècles et continuent de le faire, et c'est sans doute ce qui leur a permis de générer en Europe l'humanisme à la Renaissance et les Lumières au XVIIIe siècle, lesquels ont enfanté de la Déclaration des droits de l'homme et du citoyen de 1789, qui deviendra un modèle pour les droits humains dans le monde entier. Si les musulmans avaient aujourd'hui le même courage et la même audace que les Rabelais, Érasme ou Montaigne de la Renaissance, et que les Rousseau, Voltaire ou Diderot du siècle des Lumières, les pays musulmans pourraient peut-être enfin sortir de leur marasme social et culturel séculaire. Dans son livre *Une femme en colère. Lettre d'Alger aux Européens désabusés*, l'avocate et féministe algérienne Wassyla Tamzali dit très justement que notre époque n'a pas besoin de musulmans modérés mais de musulmans courageux[3] ! Où sont-ils, ces musulmans courageux qui auront l'audace de décaper le Coran – oui, j'ose l'écrire – et les traditions prophétiques – cette sunna qui cause tant de dégâts aujourd'hui – pour ne garder que la dimension spirituelle et humaniste de l'islam, qui existe bel et bien ? Pourquoi trop de musulmans sont encore tétanisés à l'idée d'ôter une seule lettre de leur livre sacré ?

La réponse à cette dernière question est simple : le Coran est devenu pour eux une sorte d'idole terrifiante et immuable. Pourtant, pour qu'une civilisation progresse, il faut qu'elle fasse un travail critique permanent de tous les textes qui la fondent et la nourrissent, y compris les textes qualifiés de sacrés. Car en réalité, il n'y a de sacré que la vie. Les croyants de toutes confessions doivent donc apprendre à dialectiser avec leur

3. Wassyla Tamzali, *Une femme en colère. Lettre d'Alger aux Européens désabusés*, Paris, Gallimard, 2009.

Dieu, comme l'a bien compris Carl Gustav Jung, et ne plus se comporter avec Lui comme des béni-oui-oui sans aucune liberté de conscience. D'ailleurs, la Bible et le Coran ne nous disent-ils pas que notre humanité a commencé son histoire avec une transgression majeure, le fameux péché originel ? Et Abraham n'a-t-il pas négocié avec son Dieu pour sauver le plus d'êtres humains possible avant la destruction de Sodome et Gomorrhe ? Moïse n'a-t-il pas conseillé à Mahomet, pendant son *mi'raj* (ascension céleste), de renégocier avec Allah le nombre de prières quotidiennes, qui passeront alors de cinquante à cinq après une dialectique tendue entre le prophète de l'islam et son Dieu ? Les textes religieux eux-mêmes nous parlent des doutes des prophètes – les questions métaphysiques de Job, la défection de Jonas, le sentiment de déréliction de Jésus sur la Croix... – et de leurs remises en question de certaines prescriptions divines. La Bible nous parle même d'un combat nocturne entre Jacob et un ange de Dieu au terme duquel le premier deviendra enfin Israël...

ATHÉES, VRAIMENT ?

Un ami soufi, auquel je racontai, bien des années plus tard, l'histoire de ma rencontre avec Michel Cressole et ma sortie subséquente de la religion de mes ancêtres, me dit en riant : « Eh bien, Dieu t'a libéré de l'islam rigide et dogmatique de ton père en te faisant rencontrer ce journaliste de *Libération* ! Ça ne s'invente pas, c'était une vraie libération justement ! » Mais ce diable de Michel était-il aussi athée qu'il le prétendait publiquement ? Je me souviens qu'il me soutint un jour avec énergie que Dieu n'existait pas et qu'il n'y avait strictement rien après notre mort, que c'était nécessairement le néant qui nous attendait. Mais je lui tins tête, car, pour moi, il était impossible que l'univers soit sans Créateur et que l'âme qui m'animait soit seulement mortelle. Je convenais sans problème que mon corps disparaîtrait à jamais un jour, mais pas mon âme ou l'esprit qui lui avait donné vie. Évidemment, je ne pouvais réussir à le contredire rationnellement puisque c'était une question de foi. Mais lui se voulait totalement et radicalement athée, et il essaya en vain de me convertir à sa religion athéiste. Pourtant, je trouvai un jour une icône miniature de la Vierge Marie chez lui. Je l'apostrophai alors avec un malin plaisir pour qu'il m'explique cette contradiction flagrante entre son athéisme affiché et prétendument assumé et cette bondieuserie surprenante dans son appartement. Il botta en touche, fit une pirouette intellectuelle comme il savait si bien le faire, puis nous n'en parlâmes plus. En réalité, comme son ami Guy Hocquenghem, Michel ne pouvait se départir totalement de son héritage culturel chrétien, de la même manière que je ne pouvais me départir totalement de mon héritage islamique. Comme je le dis souvent à mes élèves à propos des divers philosophes étudiés en classe : il ne faut jamais jeter le bébé avec l'eau du bain, car en chaque philosophie il y a une pépite d'or à garder. Il en va de même pour les religions : leurs livres sacrés contiennent des trésors de sagesse, mais tout n'est pas bon à prendre en eux, bien sûr, étant donné que ce ne sont que des œuvres humaines, nécessairement imparfaites (et non pas la parole incréée et infaillible d'Allah, comme le croient trop de musulmans à propos du Coran). Il faut donc écouter son cœur, faire le tri, si je puis dire, et garder ce qui nous semble essentiel. Rejeter totalement la Bible et le Coran serait aussi absurde que de rejeter *L'Odyssée*, d'Homère, le *Mahabharata* indien ou l'épopée mésopotamienne de Gilgamesh. Ce sont là des textes fondateurs de notre humanité, pleins de sagesse, et s'en débarrasser serait aussi barbare en un sens que de détruire des vestiges antiques de notre histoire commune, comme le font aujourd'hui les fous furieux de Daech.

Dans son dernier roman, *Soumission*[1], Michel Houellebecq, qui s'affiche dans les médias comme un athée convaincu, fait dire à son personnage principal (lui-même ?) face à la Vierge noire de Rocamadour : « Et ces jeunes catholiques, leur terre, l'aimaient-ils ? Étaient-ils prêts, pour elle, à se perdre ? Je me sentais moi-même prêt à me perdre, pas pour ma terre spécialement, je me sentais prêt à me perdre *en général*, enfin j'étais dans un état étrange, la Vierge me paraissait monter, s'élever de son socle et grandir dans l'atmosphère, l'Enfant Jésus paraissait prêt à se détacher d'elle et il me semblait qu'il lui suffisait maintenant de lever son bras droit, les païens et les idolâtres seraient détruits, et les clés du monde lui seraient remises "en tant que Seigneur, en tant que possesseur et en tant que maître". » Puis il cite ces beaux vers de Charles Péguy :

Mère voici vos fils qui se sont tant perdus.
Qu'ils ne soient pas jugés sur une basse intrigue.
Qu'ils soient réintégrés comme l'enfant prodigue.
Qu'ils viennent s'écrouler entre deux bras tendus[2].

Si Houellebecq fait du personnage principal de ce roman provocateur et sulfureux un spécialiste de Huysmans et qu'il s'y réfère à Péguy, c'est probablement parce qu'il est travaillé lui aussi au plus profond de son âme par son héritage chrétien et les questions essentielles de la foi en Dieu et du sens de l'existence humaine. Huysmans

1. Michel Houellebecq, *Soumission*, Paris, Flammarion, 2015.
2. Charles Péguy, *Ève*.

fut un romancier de génie tenté par la décadence et le nihilisme qui commençaient à se faire jour au XIXe siècle, mais il revint à la foi chrétienne avant de mourir d'un cancer de la mâchoire à l'âge de cinquante-neuf ans. À la fin de son célèbre roman *À rebours*, reconnu pourtant pour être décadent en diable, voici ce qu'il écrit : « Seigneur, prenez pitié du chrétien qui doute, de l'incrédule qui voudrait croire, du forçat de la vie qui s'embarque seul, dans la nuit, sous un firmament que n'éclairent plus les consolants fanaux du vieil espoir. » Idem pour Charles Péguy, cette âme si troublée et souffrante qui espéra toute sa vie recevoir la grâce de Dieu, jusqu'au champ de bataille absurde de la Première Guerre mondiale, où il fut tué d'une balle en plein front.

Lacan disait qu'il ne suffit pas de tuer le père, il faut ensuite se débarrasser de son cadavre. Nietzsche a prophétisé la mort de Dieu à l'aube du XXe siècle, mais c'est plutôt la mort de millions d'êtres humains que ce siècle abominable provoquera. Jamais l'humanité n'avait connu un tel carnage, une telle barbarie monstrueuse, et cela sur le sol de la Vieille Europe qui avait enfanté l'humanisme et les Lumières. J'éprouve une grande compassion pour ces intellectuels déchirés intérieurement entre leur scepticisme athée et leur petite lueur de foi dans un monde où souvent le non-sens semble l'emporter sur le sens. Dans son autobiographie passionnante[3], Jung affirme à propos de la question

3. C. G. Jung, *"Ma vie". Souvenirs, rêves et pensées.* Recueillis et publiés par Aniéla Jaffé, Paris, Gallimard, coll. « Folio », 1991.

cruciale du sens de l'existence humaine : « Le monde dans lequel nous pénétrons en naissant est brutal et cruel et, en même temps, d'une divine beauté. Croire à ce qui l'emporte du non-sens ou du sens est une question de tempérament. Si le non-sens dominait en absolu, l'aspect sensé de la vie, au fur et à mesure de l'évolution, disparaîtrait de plus en plus. Mais cela n'est pas ou ne me semble pas être le cas. Comme dans toute question de métaphysique, les deux sont probablement vrais : la vie est sens et non-sens, ou elle possède sens et non-sens. J'ai l'espoir anxieux que le sens l'emportera et gagnera la bataille. » Inch Allah, cher Jung…

PREMIERS ARTICLES, PREMIERS ÉMOIS

Lors de mon stage au journal *Libération*, durant l'été 1986, je fus accueilli par la facétieuse et inoubliable Hélène Hazera, cette transsexuelle dont je ne m'étais même pas rendu compte au début qu'elle avait été un homme avant de devenir une « femme ». Je mets le mot femme entre guillemets, car Hélène avait encore ses attributs sexuels masculins avec une apparence féminine qui faisait parfaitement illusion, en tout cas pour le jeune homme naïf que j'étais à l'époque. Elle habitait dans le même immeuble que celui où je logeais et vivait en couple avec une femme alcoolique charmante dont je n'aurais pu dire si elle était lesbienne ou hétérosexuelle ! Je me souviens qu'Hélène planquait ses bouteilles pour qu'elle boive moins, en vain. Dans quel monde interlope avais-je débarqué ? Un mois avant ces rencontres étonnantes, j'étais un bon petit musulman de dix-neuf ans habitant au quinzième étage d'une tour de Vaulx-en-Velin, et voilà que je logeais à Saint-Germain-des-Prés, où était né l'existentialisme de Sartre, entouré de gays et de travelos pour apprendre le métier de journaliste en une saison estivale. Je vivais une sorte de conte de fées sulfureux écrit par une folle.

Je me souviens encore très bien de ma première rencontre avec Hélène quand elle vint sonner à la porte de l'appartement de Michel, où je me trouvais, un livre noir à la main. C'était les *Rubaiyat* d'Omar Khayyam, cet immense poète et scientifique perse du Moyen Âge qui rompit avec l'islam des mollahs et fit l'éloge du vin et de l'amour sensuel dans des quatrains d'une beauté et d'une mélancolie incomparables. Hélène fut elle aussi une diablesse pour moi, comme Michel. Une diablesse très cultivée de surcroît. Elle me fit découvrir la dernière traduction des *Mille et Une Nuits* de René Khawam[1], plus fidèle au texte arabe original que celle, édulcorée et tronquée, d'Antoine Galland, datant du XVIIIe siècle. Grâce à Hélène, je découvris un aspect de la culture islamique que j'ignorais totalement : il y avait aussi de la grivoiserie et de l'épicurisme dans cette civilisation. Ce fut donc un enchantement pour moi de découvrir les quatrains merveilleux de Khayyam et les délices érotiques insoupçonnées des *Mille et Une Nuits*. Puis Hélène me présenta une grande dame de la chanson arabo-andalouse, Reinette l'Oranaise, que j'interviewerai plus tard pour le journal *Lyon-Libération*. Quelle belle rencontre, là aussi, mon Dieu ! Cette immense artiste de culture juive et arabe, virtuose du oud et aveugle, m'a marqué à vie. Je découvris avec elle l'extraordinaire répertoire arabo-andalou du *houzi* et ses mélopées envoûtantes héritées de la culture andalouse. Il y avait donc de grands artistes juifs dans ma culture

1. *Les Mille et Une Nuits*, traduction et préface de René Khayam, Paris, Phébus, coll. « Domaine arabe », 1986-1987.

d'origine ! Mon père s'était bien gardé de me le dire, mais peut-être ne le savait-il pas lui-même...

Le premier article que j'ai publié dans *Libé* fut quelque peu original... Hélène m'envoya dans un cabaret de Pigalle pour écouter chanter une créature de son genre, Jenny Bel'Air, ex-physionomiste redoutable du Palace, un lieu mythique de la fête parisienne où se sont mêlés punks, intellos, vedettes et bourgeois dans une orgie de drogue, d'alcool et de sexe à la charnière des années soixante-dix et quatre-vingt. Un drôle d'oiseau des îles originaire de Guyane avec une gouaille toute parisienne et un humour caustique ravageur. Je mis des heures à écrire ce premier article tant je ne voulais pas le rater. Quelle joie et quelle fierté de voir le lendemain de cette rédaction laborieuse mon prénom et mon nom pour la première fois dans le journal *Libération*. Mes articles suivants furent consacrés à des émissions de télévision. J'allais les visionner dans une salle de projection de TF1 ou d'Antenne 2 (qui n'était pas encore devenue France 2), puis je rentrais au journal pour écrire mes papiers.

C'est à ce moment-là que m'est venue spontanément une théorie à propos des gens qui travaillent à la télévision, car j'y avais croisé le facétieux Bruno Masure et interviewé une speakerine de TF1 et comédienne d'origine algérienne, Nadia Samir : il y a beaucoup de personnes de petite taille à la télévision parce que c'est un extraordinaire moyen pour elles d'être vues par le plus grand nombre ! Et je le pense toujours, il n'y a qu'à regarder de près le gabarit de certaines personnalités actuelles du petit écran (le mal nommé !), David Pujadas par exemple. Idem pour la politique, je pense à Nicolas Sarkozy et à ses ridicules talonnettes. Il y a des êtres humains qui confondent grandeur et taille. Pourtant, « ceux qui s'élèveront seront abaissés, et ceux qui s'abaisseront seront élevés », affirme le Nouveau Testament. Et dire que Sarkozy a osé parler un jour des origines chrétiennes de la France. Mais que connaît-il de la spiritualité chrétienne, ce béotien arriviste, cet opportuniste démagogue ? Pas grand-chose, je crois.

LYON-LIBÉ

Après ma formation express à Paris, je commençai à travailler pour le journal *Lyon-Libération* en septembre 1986. Une autre très belle expérience ! Nous étions installés rue Childebert, tout près de l'Hôtel-Dieu, dans un long et confortable open-space qui donnait sur le Rhône. Des journalistes parisiens étaient venus en renfort pour lancer ce nouveau quotidien lyonnais engagé dans une bataille concurrentielle avec *Lyon-Figaro* : le très sympathique et naïf Jean-Marcel Bouguereau, accompagné de sa stagiaire mythomane qui lui fit publier de fausses lettres de lycéens, un canular dont Bernard Pivot lui-même se fit l'écho sur le plateau d'« Apostrophes » ; l'acariâtre Nicolas Beau, qui osa un jour lancer à la cantonade, en relisant l'un de mes premiers articles : « Mais qui a embauché ce mec ? » (je me souviens que Bouguereau était venu à ma rescousse en rabrouant ce grand reporter parisien aigri et quelque peu stalinien) ; Sorj Chalandon, une espèce de Tintin de gauche qui arborait fièrement un tee-shirt à l'effigie de Kadhafi parce qu'il avait eu « l'honneur » d'interviewer ce dictateur… Je découvris le monde si particulier de la presse française, où l'alcool, le haschich et la cocaïne font office de vitamines quotidiennes. Je me souviens du rédacteur en chef de *Lyon-Libération*, qui attaquait ses journées de travail avec de grands verres de whisky et qui les terminait en tenant à peine sur ses jambes. Je me rappelle aussi une visite de travail de Serge July et sa pause cocaïne en pleine réunion (j'eus la preuve de cette pratique en voyant un reste de poudre blanche sur son nez après son retour des toilettes du journal). Dans quel monde avais-je atterri ? Michel Cressole fumait quotidiennement des joints de haschich, il ne pouvait écrire ses articles sans avoir auparavant consommé sa drogue. Il était totalement fasciné par le personnage de Jean Cocteau (qui avait eu besoin de drogue, lui aussi, pour écrire) et il dirigea même un numéro spécial de *Libération* sur cet artiste touche-à-tout. Son ami Azzedine Alaïa, un grand couturier parisien très en vogue dans les années quatre-vingt, lui avait conçu un blouson en cuir avec des manches chauve-souris parce que son idole en avait porté un. J'ai d'ailleurs hérité de ce blouson, que je vendrai plus tard quand je me retrouverai sans le sou. Michel m'a fait découvrir l'œuvre littéraire de Cocteau – j'ai dévoré ses livres comme *Le Grand Écart, Thomas l'imposteur, La Difficulté d'être* –, mais aussi celle de Jean Genet. Quel choc littéraire ce fut pour moi de lire le *Journal du voleur* puis *Querelle de Brest* et *Pompes funèbres*. J'ai trouvé en Genet un frère en souffrance à la fois voleur et poète, comme je le fus adolescent. Mon mentor et amant était très cultivé et lisait beaucoup. Je peux même dire qu'il consommait la littérature comme il consommait son haschich quotidien. C'était aussi par identification à Cocteau que Michel aimait fumer parfois de l'opium. Pourquoi cette fascination pour ce grand artiste ? Je crois qu'il fut à ses propres yeux un artiste raté, ou un écrivain raté, comme c'est le cas d'un certain nombre de journalistes, me semble-t-il. Il avait écrit un petit bouquin sur Deleuze dans les années soixante-dix et avait un certain talent pour l'écriture d'articles de mode dans le journal *Libération* (c'est Michel qui a lancé la carrière internationale du couturier Azzedine Alaïa grâce à un article déterminant écrit en 1979). Mais je pense qu'il aurait aimé être un véritable artiste comme Cocteau, son idole et modèle. D'ailleurs, parmi les rares livres qu'il publia, il y a celui-ci, au titre édifiant : *Qu'est-ce qu'ils ont de plus que nous ?*, une série de portraits de stars croisées dans des festivals de cinéma internationaux. Michel était-il envieux ? Sans doute un peu, comme beaucoup d'êtres humains fascinés par la célébrité. J'ai appris de la bouche de mon premier psychanalyste que les stars servent à cela précisément : à s'identifier à elles. Tout comme mon professeur de philosophie en terminale, Michel fut pour moi un modèle d'identification. Grâce à ma psychanalyse, j'ai compris que j'avais eu besoin de ces figures paternelles de substitution parce que mon propre père avait été trop défaillant avec moi. Comment devenir un homme équilibré avec un « pauv' type » aigri et violent en guise d'imago paternelle ? Comment devenir un homme équilibré avec une ogresse castratrice et dépressive en guise d'imago maternelle ? Mon professeur de philo et Michel furent des « re-pères », pour reprendre un jeu de mots lacanien, qui m'aidèrent à construire ma propre personnalité. Mais ces re-pères furent également déficients en un sens, car je ne pouvais pas vraiment prendre appui sur ces adultes eux-mêmes très névrosés. Longue sera la route qui me mènera à moi-même après quelques autres identifications...

À *Lyon-Libération*, je me fis un devoir d'écrire des articles sur ceux que j'appelai mes « grands frères », comme l'économiste et écrivain Azouz Begag, l'humoriste Smaïn et le chanteur Rachid Taha, du groupe Carte de séjour, très en vogue dans les années quatre-vingt. Je me souviens encore du jour où « Zouzou » (le surnom d'Azouz Begag dans sa famille) nous reçut chez lui, Michel et moi. C'était à l'occasion de la publication de son premier roman, *Le Gone du Chaâba*, auquel *Lyon-Libération* consacra deux pages. Azouz avait bu un peu d'alcool avant de nous accueillir, sans doute pour se décontracter avant l'interview (c'était si important pour lui d'avoir des articles dans la presse sur son premier livre). D'ailleurs, il nous montra ce jour-là, avec la naïveté qui le caractérise, son propre press-book comme une espèce de tableau de chasse. On aurait dit un enfant encore tout surpris du succès de son bouquin. Azouz Begag fut l'exemple même d'une *success story* possible pour un jeune issu de l'immigration maghrébine et, à ce titre, il fut aussi un modèle pour moi. Mais il sera puni par là où il péchait : son excès d'ambition le mènera inexorablement dans les sables mouvants de la politique, où il finira par se percevoir lui-même comme un « mouton dans la baignoire[1] ». Smaïn était aussi dévoré par l'ambition et la soif de reconnaissance. Je me souviens qu'il n'avait pas apprécié un article que j'avais consacré à son fameux premier one-man-show, « A star is beur », parce que j'avais osé critiquer ses séances de débats improvisés avec le public après son spectacle. Il me fit alors le coup de me critiquer à mon tour après une représentation à la Bourse du travail de Lyon devant une salle comble. J'allai quand même le saluer dans sa loge après sa charge contre le journaliste de *Libé* qui avait osé mettre un petit bémol à l'éloge qu'il fit de son spectacle dans son article… Quant à Rachid Taha, c'est l'un des pires souvenirs de ma très courte carrière de journaliste, pour ne pas dire le pire. J'avais assisté à une scène de tournage du clip de *Douce France*, une reprise façon rock oriental de la célèbre chanson de Charles Trenet, et j'avais interviewé son réalisateur, Cyril Collard, l'auteur du film multicésarisé *Les Nuits fauves*. Une fois rentré au journal, j'écrivis mon article, mais le standard me transmit un appel de Rachid, qui tenait absolument à le lire avant sa publication. Comme j'étais très naïf à l'époque (je n'avais que dix-neuf ans), je lui fis ce plaisir, mais j'eus droit ensuite à une pluie de critiques acerbes sur mon incompétence

1. Azouz Begag, *Un mouton dans la baignoire*, Paris, Fayard, 2007. C'est le récit de la guerre puérile au sein du gouvernement Villepin entre le petit Zouzou et le petit Nicolas, deux mômes dans des peaux d'adultes qui rêvaient tous deux d'être présidents de la République…

et mon inculture. Par exemple, je n'avais pas perçu dans le clip de Collard un clin d'œil à *Casque d'or*, le célèbre film de Jacques Becker. Rachid me fit alors réécrire mon article durant cette conversation téléphonique surréaliste. C'est à ce moment précis que je compris à quel point l'ego est central dans le milieu artistique. Rachid Taha m'est apparu comme un sale type dévoré par l'ambition d'être célèbre, une espèce de nain grincheux qui voulait conquérir la terre entière avec *son* tube *Douce France.* Avec ces grands frères, Azouz Begag, Smaïn et Rachid Taha, je pris toute la mesure du besoin abyssal de reconnaissance dont souffrent nombre de personnes issues de l'immigration maghrébine. Il y avait en eux une blessure narcissique profonde que même la célébrité ne pourrait cicatriser et apaiser complètement. Une espèce de tonneau des Danaïdes narcissique. Mais n'est-ce pas aussi ce qui anime tout le show-business ? C'est un milieu impitoyable et extrêmement malsain, habité par une myriade de narcisses qui veulent voir leur visage et leur nom affichés partout et tout le temps. Ma courte et jeune expérience dans le journalisme aura été ma première piqûre de vaccin contre ce fléau de notre époque : le narcissisme médiatique.

Au journal *Lyon-Libération*, il y avait aussi de jeunes loups qui arriveront à se faire un nom dans les médias, tels des Rastignac de la presse ; je pense en particulier à Philippe Vecchi et à Philippe Lançon. Le premier était une caricature d'arrivisme et d'opportunisme. Je me souviens de ses courbettes courtisanes quand Serge

July venait nous rendre visite. Il avait débuté comme animateur d'une radio lyonnaise locale, mais à partir de son embauche à *Lyon-Libération,* il se vit déjà en haut de l'affiche, pour paraphraser une célèbre chanson d'Aznavour. Et effectivement, il y parviendra quelques années plus tard quand il deviendra producteur et animateur de l'émission « Nulle part ailleurs », sur Canal +. Depuis, il est passé aux oubliettes, telle une phalène qui s'est approchée trop près des projecteurs et qui s'y est brûlée. J'éprouvais plus de sympathie pour Philippe Lançon. J'ai en mémoire un reportage qu'il fit travesti en clochard, afin de raconter la vie quotidienne des SDF lyonnais dans notre journal. Lui aussi était une sorte de Tintin fou, comme Sorj Chalandon, déjà passionné de littérature à l'époque. Je pense qu'il est aujourd'hui l'un des meilleurs chroniqueurs littéraires français, sinon le meilleur. J'ai été très touché quand j'ai appris qu'il faisait partie des victimes de l'attaque terroriste contre *Charlie Hebdo.* Dieu merci, il en réchappa, mais à quel prix ? Dans un très beau livre intitulé *Dieu, la Mort et le Temps*, Emmanuel Levinas parle de la culpabilité des survivants après la mort de personnes aimées, sans doute en référence à celle qu'ont pu éprouver des juifs ayant échappé comme lui aux camps d'extermination nazis. Je sens intimement que Philippe aura du mal à guérir de cette culpabilité, lui qui a fait le mort pour survivre au milieu des cadavres encore chauds de ses amis Wolinski, Cabu, Tignous, Bernard Maris, Honoré... Je lis depuis quelques mois ses chroniques d'outre-attentat dans *Charlie Hebdo*, qui représentent un bel effort de résilience. Mais l'élaboration de sa souffrance par le biais de chroniques hebdomadaires publiques l'aidera-t-il vraiment à surmonter l'horreur sans nom qu'il a vécue ? Je lui souhaite de tout cœur en tout cas, inch Allah.

LES ILLUSIONS PERDUES

Évidemment, comme j'aurais dû m'y attendre, Michel finit par me jeter comme un vieux Kleenex, après m'avoir « consommé ». Il se comportait en véritable prédateur sexuel avec ses nombreux amants et avait comme devise cette fameuse réplique du Don Juan de Molière : « Tout le plaisir de l'amour est dans le changement. » Je découvris ce que j'appellerais le *cynisme sexuel* de cette génération d'adultes soixante-huitards, celle-là même qui ne voyait aucun mal à abuser sexuellement d'adolescents considérés comme assez matures pour y consentir en toute conscience. Michel m'a fait rencontrer deux pédophiles notoires et revendiqués : le romancier Gabriel Matzneff et le philosophe René Schérer, que j'ai déjà évoqué. Pour mon amant, il n'y avait là rien de mal, c'était leur goût, tout simplement. Je ne fus pas étonné d'apprendre, des années plus tard, que Daniel Cohn-Bendit et Roman Polanski avaient goûté eux aussi à ce fruit défendu. C'était dans l'air du temps, si je puis dire, en ces années soixante-dix et quatre-vingt, et Bernard Pivot lui-même invitait avec complaisance dans son émission « Apostrophes » les Matzneff et autres Schérer. Le prédateur sexuel soixante-huitard est un animal à sang froid, un reptile sans aucun scrupule moral, car tout ce qui compte pour lui est son bon plaisir. Mais là est précisément son erreur fondamentale : il ignore l'altérité. Jouir sans entraves est certes une belle et légitime finalité pour l'existence humaine, mais pas sans l'Autre ! C'est un autre enseignement que j'ai reçu du grand philosophe Emmanuel Levinas : ne pas me servir de mon semblable tel un vulgaire objet au service de mon bon plaisir, mais le regarder au contraire comme un appel à ma responsabilité ou comme une convocation de ma conscience. Si je suis dans un regard vrai, le visage de l'Autre me dit : « Tu n'abuseras pas de moi, tu ne m'utiliseras pas comme un objet, tu me respecteras. » Trop de soixante-huitards soi-disant libérés ont oublié ces commandements moraux élémentaires.

À partir du moment où Michel ne voulut plus de moi, ma situation au journal *Lyon-Libération* se dégrada. Mais je dois avouer aussi que je n'étais pas un journaliste très sérieux, j'étais même plutôt du genre inconstant. Par exemple, au lieu de couvrir à la fin de l'année 1986 les manifestations contre la loi Devaquet – le journal m'avait aussi embauché pour écrire des articles sur la vie estudiantine –, je faisais l'amour jour et nuit à Paris avec une jolie gazelle rencontrée dans un bar ! C'était ma manière immature de jouir sans entraves. Alors un jour, la direction du journal décida de me faire passer du statut de salarié à celui de pigiste. Et quand Michel retourna définitivement à Paris, le nombre de mes piges mensuelles se réduisit de manière inquiétante. Je finis par comprendre qu'on ne voulait plus vraiment de mes articles à *Lyon-Libé*. Et le jour où je me rendis compte que le rédacteur en chef n'avait gardé qu'une seule phrase d'un de mes papiers pour en faire la légende d'une photographie, je claquai la porte.

Je me retrouvai à la case départ : j'avais habité avec Michel au centre-ville de Lyon dans un appartement bourgeois, puis déménagé à nouveau au quinzième étage de la tour de Vaulx-en-Velin d'où j'étais parti, sans travail et sans un sou. N'avais-je pas rêvé ? Avais-je bien été journaliste à *Libération* ? Par la suite, j'aurais pu travailler pour le magazine *Actuel*, mais Jean-François Bizot, son directeur, et Philippe Vandel, l'un de ses proches collaborateurs, m'ont proposé un premier reportage ahurissant que je ne pouvais accepter. Je me souviens encore très bien de cette scène surréaliste où Bizot sortit un billet de cinq cents francs de sa poche pour me proposer d'aller draguer des vieilles (sic) dans des boîtes de nuit parisiennes et d'aller jusqu'à faire l'amour avec l'une d'elles pour raconter ensuite cette expérience aux lecteurs de son magazine. Vandel fut tout aussi sérieux que son fou de patron lors de la préparation de ce « reportage » dans son bureau. Après ce second entretien délirant, je pris mes jambes à mon cou. Quelqu'un leur avait-il dit que j'avais été en quelque sorte un gigolo de Michel Cressole ? J'eus l'impression très humiliante, ce jour-là, au magazine *Actuel*, qu'il était gravé sur mon front en lettres majuscules : « GIGOLO ». Ma dernière expérience journalistique fut la rédaction d'un guide lyonnais pour le magazine *L'Étudiant*. Ensuite commença pour moi une longue traversée du désert…

Quand, des années plus tard, je lus les trois tomes d'un chef-d'œuvre de Balzac intitulé *Les Illusions perdues*, je me reconnus amèrement dans son personnage principal, à la fois ingénu et écervelé : Lucien de Rubempré. Mais cette œuvre géniale m'aida aussi à comprendre pourquoi il fallait que je passe par le mirage de ma courte carrière de journaliste. J'avais fréquenté des fous inconscients de l'être (mais n'est-ce pas le propre de la folie, justement ?), des travelos déjantés, des homosexuels névrosés, des drogués, des alcooliques, des nymphomanes, des pédophiles, des Parisiens vaniteux, des arrivistes cyniques, des artistes narcissiques, et je compris qu'il fallait que je découvre cette cour des Miracles afin de percevoir avec lucidité le monde réel dans lequel je vivais. Beaucoup d'êtres humains courent après des chimères, et Paris est plein de ces pauvres hères en mal de reconnaissance, de célébrité et de gloire. Le grand Balzac, qu'on ne lit peut-être plus assez aujourd'hui, nous a dépeint avec génie cette société parisienne où le clinquant fait office de valeur et où l'éthique se réduit comme peau de chagrin. La vie s'était chargée de me faire cette bonne piqûre de rappel contre la vanité et ses illusions venimeuses. J'allais pouvoir me recentrer sur mon vrai désir : être professeur de philosophie. N'en déplût à Michel, qui se moqua de moi le jour où je m'en ouvris à lui.

DE LA MUSETTE À LA FAC DE PHILO

Dure fut la chute – ou le retour à la réalité. Avais-je été un âne essayant d'imiter les beaux pur-sang arabes de la fantasia, comme me le suggéra ironiquement mon père ? Avais-je été dupe de moi-même ou de Michel ? Les deux peut-être. Bien des années plus tard, je croisai par hasard l'un des responsables du service culture du journal *Lyon-Libération*, qui me dit cette phrase troublante : « Ton problème, Soufiane, c'est que tu ne t'économisais pas. » M'économiser ? Qu'est-ce que s'économiser ? Cet homme était un bourgeois lyonnais. Je me rappelle qu'un jour il nous reçut chez lui avec Michel et Philippe Vecchi (son poulain), et qu'il nous offrit du champagne dans son appartement cossu pour fêter le début de notre collaboration au journal. C'est pourquoi cette pensée qu'il fallait s'économiser dans la vie me sembla typiquement bourgeoise. À vingt ans, je ne voulais pas m'économiser, bien au contraire ! J'ai fait par exemple, à cet âge, la folie d'aller à New York avec un seul dollar en poche, un billet qu'un GI américain croisé dans un TGV Lyon-Paris m'avait offert en écrivant dessus : « *You deserve the best*[1] ! » M'économiser, moi ? Alors que j'avais envie de bouffer la vie à pleines dents tant j'avais souffert durant mon enfance et mon adolescence. Je ne regrette pas d'avoir été si fou, si peu « économe » dans ma jeunesse. Et puis je n'étais pas du tout carriériste, je ne pensais pas ma vie en terme d'avenir professionnel, je n'étais pas dévoré par l'ambition. Je vivais plutôt dans l'instant présent, avide de découvrir la vie et le monde.

Mais il fallait bien manger et payer mon loyer. Aussi, après avoir été journaliste éphémère à *Libé*, j'enchaînai des petits boulots alimentaires comme surveillant dans l'enseignement public et manutentionnaire en intérim. Et je finis par me retrouver sur le quai d'une société de transport à Saint-Priest, en banlieue lyonnaise, où je chargeais et déchargeais des camions de trente-huit tonnes huit heures par jour. Au début de cette expérience de manutentionnaire dans le transport, je n'avais même pas la force de me doucher le soir avant d'aller me coucher alors que j'étais sale comme un ramoneur. Sur ce quai, traversé par des vents glaciaux en hiver, j'ai goûté pendant une longue année à ce que je ne crains pas de nommer l'esclavagisme moderne. Quel choc de découvrir cette facette très sombre du monde du travail ! Les manutentionnaires (ce mot moderne pour dire esclave) ne se faisaient pas de cadeau entre eux, et j'ai frôlé moi-même une bagarre au couteau au moment d'une pause-déjeuner qui avait tourné au vinaigre. L'un d'eux, d'origine algérienne comme moi,

1. « Tu mérites le meilleur ! »

volait ses camarades de travail, dans les vestiaires, sans aucun scrupule. Les moqueries fusaient quotidiennement et un sentiment d'humiliation était partagé par tous en silence. Mais certains avaient des familles à nourrir, alors ils estimaient qu'ils n'avaient pas d'autre choix que de faire ce travail de bête de somme. J'ai compris dans cet enfer que bien des produits que nous achetons et consommons tous les jours passent par ce genre de quai où des forçats chargent et déchargent des camions immenses des heures durant. Là-bas, j'ai expérimenté ce que signifiait vraiment le verbe travailler. Mais c'était un travail abêtissant au possible, à l'image du film *Les Temps modernes*, de Chaplin. Un jour, sur le quai, je me fis cette réflexion amère : « Papa m'a dit de ne jamais travailler avec une musette d'ouvrier comme lui mais avec un cartable et un stylo, et voilà que je me retrouve dans la même condition sociale que lui et même pire. » J'allais en effet au boulot avec ma musette contenant mon casse-croûte, exactement comme mon père le fit pendant quarante ans. Et puis il y eut la moquerie de trop qui me décida à prendre les choses en main. Je venais de dire à des camarades de galère que j'avais eu un bac littéraire avec mention bien quand l'un d'eux me rétorqua avec une ironie mordante : « Je ne te crois pas ! Si tu avais eu ce bac avec mention bien, comme tu dis, tu ne serais pas là en train de trimer comme un âne avec nous ! » Tout le monde éclata de rire. Le soir même, je décidai de quitter ce travail le plus rapidement possible pour reprendre mes études et réaliser enfin mon rêve le plus cher : être professeur de philosophie.

Le directeur du lycée Notre-Dame à Charlieu, où j'avais passé mon bac, avait été muté à Oullins, en banlieue lyonnaise, à la tête d'un important lycée catholique d'obédience dominicaine. J'eus l'idée de lui envoyer une candidature spontanée pour y être recruté comme surveillant, ce qui me permettrait de reprendre mes études. Cet homme charmant et profondément humaniste m'accueillit à nouveau comme il l'avait fait la première fois, quand j'étais un adolescent délinquant dont aucun lycée public ne voulait. En accédant assez rapidement à un poste de surveillant d'internat, je pus reprendre mes études de philosophie à l'université Lyon III. Quel bonheur d'étudier à nouveau dans le beau cadre de la faculté de philosophie du quai Claude-Bernard ! Que de beaux souvenirs je garde de cette période idyllique ! J'adorais certains cours, comme ceux de François Chirpaz, de Pierre Cariou et de François Guéry. M. Chirpaz était notre professeur de métaphysique, son enseignement d'une grande profondeur m'a marqué à vie. Je me souviens tout particulièrement de ses cours consacrés à la sagesse tragique. Nous devions lire en parallèle Eschyle, Sophocle et Euripide. Chez Eschyle, j'ai découvert cette locution en grec ancien qui me parla énormément, *patheï mathos*, qu'on peut traduire par « la compréhension dans la souffrance » ou « la compréhension grâce à la souffrance ». Chirpaz nous parlait également de Kafka, de Dostoïevski et du fameux Livre de Job de l'Ancien Testament, que je retrouverai quelques années plus tard, durant ma psychanalyse, dans l'œuvre de Jung.

Pierre Cariou était dans sa période antiplatonicienne à tout crin et nous faisait un cours sur les cyniques avec Diogène en guest-star permanente. C'était un professeur très facétieux et drôle, mais après coup, je me rendis compte que son antiplatonisme pro-cyniques était caricatural. On ne pouvait réduire le divin Platon à un ersatz médiocre de Socrate et considérer que le vrai disciple du père de la philosophie était Diogène, ce qu'il faisait à longueur de cours. Cependant, un certain Michel Onfray suivit cette ligne dans son premier livre, *Le Ventre des philosophes*. On voit aujourd'hui quelle « philosophie » est née de cette (im)posture pseudo-cynique.

Quant à François Guéry, c'est à son contact que j'ai appréhendé les grands philosophes Husserl et Heidegger, dans son cours de philosophie moderne. Je mesurai, grâce à cet excellent pédagogue, à quel point ces penseurs allemands avaient été de véritables aventuriers de la pensée, à quel point ils avaient poussé la fameuse question de l'être assez loin pour en faire à nouveaux frais un problème philosophique, et même un mystère métaphysique. Je fus ravi de découvrir que des philosophes modernes du XXe siècle avaient considéré après Nietzsche que Dieu n'était peut-être pas aussi mort qu'il l'avait prétendu, car le mystère de l'être demeurait entier et totalement ouvert. Il y avait donc encore la possibilité de philosopher de manière métaphysique après le chantre de la mort de Dieu, car on pouvait à nouveau questionner l'être. La lecture de la *Krisis* de Husserl et de *Chemins qui ne mènent nulle part*, de Heidegger, eut sur moi un effet déterminant, car je compris grâce à ces œuvres majeures que la raison occidentale était dans une impasse quant aux questions les plus essentielles pour l'être humain, dont celle du sens de notre existence. Husserl et Heidegger avaient remis sur le métier le mystère de l'être, et ce geste philosophique me paraissait considérable.

FILS-AMANT DE LA MÈRE

Avant de reprendre mes études de philosophie, j'avais rencontré le premier grand amour de ma vie : Annie. Elle était à la fois cogérante et serveuse d'un pub lyonnais, près de la place des Terreaux, que j'avais découvert un soir au hasard de mes pérégrinations nocturnes. Elle avait huit ans de plus que moi, mais peu importait, car j'étais fou d'elle et elle ne tarda pas à m'aimer à son tour. Avec cette belle personne, nous eûmes deux merveilleuses filles et vécurent ensemble près d'un quart de siècle. Je ne compris que plus tard, grâce à ma psychanalyse jungienne, pourquoi mon cœur avait jeté son dévolu sur une femme plus âgée que moi. Annie fut à la fois une amante et une mère de substitution, ma propre mère ayant été si défaillante. J'appris pendant mon analyse, grâce à l'œuvre de Pierre Solié, que j'avais une structure psychique du type « Fils-Amant de la Mère » et non pas « Fils-Œdipien du Père », comme c'était le cas pour mes frères aînés. C'est dans son livre phare *La Femme essentielle*[1] que j'ai

1. Pierre Solié, *La Femme essentielle. Mythanalyse de la Grande-Mère et de ses Fils-Amants*, Paris, Seghers, 1980.

découvert ces deux structures psychiques masculines diamétralement opposées. Les Fils-Amants de la Mère sont des poètes, des mystiques, des aventuriers (tels Mermoz et Saint-Exupéry, auxquels Solié consacre de très belles pages), ils transgressent les lois des Fils-Œdipiens du Père *par nécessité*, car tout leur amour va vers la Grande-Mère, la Déesse, le Féminin. Tandis que les Fils-Œdipiens du Père, de structure paranoïaque, ont besoin de lois rigides, de règles gravées dans le marbre, de coutumes intangibles pour pouvoir tenir debout, exister. Mais le revers de la médaille des Fils-Amants de la Mère, c'est que leurs aventures et autres transgressions peuvent les rendre asociaux et leur coûter très cher. Mermoz et Saint-Exupéry ont chuté mortellement du haut du ciel qu'ils voulaient conquérir tels des Icare modernes. Le soufi El Hallaj a été martyrisé au Xe siècle parce qu'il avait osé crier en public, dans un moment d'extase : « Je suis la vérité ! » Cela dit, ce sont bien souvent des Fils-Amants de la Mère qui font progresser l'humanité et non pas les gardiens du temple paranoïaques que sont les Fils-Œdipiens du Père. Je suis convaincu, pour ma part, que Mahomet lui-même fut un Fils-Amant de la Mère, lui qui épousa en premières noces une femme de quinze ans son aînée : Khadija. Et que dire de Jésus, qui fut en quelque sorte l'époux de sa propre mère ? En effet, n'est-il pas aussi le Saint-Esprit qui a fécondé Marie ? Mais comme l'explique très bien Pierre Solié dans *La Femme essentielle*, le Fils-Amant de la Mère doit finir par « sacrifier » celle-ci pour s'individuer, grandir, devenir un homme. Quand on étudie de près la vie amoureuse et érotique très mouvementée de Mahomet, on se rend compte que le prophète de l'islam est tombé amoureux plusieurs fois après le décès de sa mère-épouse Khadija, sans doute parce que son cheminement spirituel allait de pair avec une quête du Féminin. N'a-t-il pas dit, selon un hadith reconnu comme authentique par la majorité des savants de l'islam : « J'ai aimé de votre monde trois choses : les parfums, les femmes et la prière » ? « L'éternel Féminin nous attire vers le haut », dit Goethe à la fin de son second *Faust*. Mermoz et Saint-Exupéry sont allés littéralement vers ce haut avec leurs avions, qui deviendront leurs tombeaux. De plus, la tradition islamique raconte que Mahomet est monté au sommet du mont Hira et s'est isolé dans une grotte, un symbole éminemment féminin, pour recevoir de l'ange Gabriel les premiers versets du Coran. Et sur *al-bouraq*, une jument ailée, il aurait gravi les sept cieux qui mènent à Dieu lors de son fameux *mi'raj*, ou ascension céleste. Je crois humblement faire partie de cette famille d'hommes en quête d'absolu. Mais le Fils-Amant doit sacrifier la Grande-Mère pour s'incarner vraiment, s'individuer, et devenir un homme vertical, avec les pieds bien enracinés dans la terre et la tête orientée vers le ciel. Pour moi, sacrifier la Grande-Mère signifiera aussi sacrifier l'oumma de Mahomet, à laquelle ma naissance m'avait prédestiné, afin de devenir un citoyen du monde, libre de toute attache communautaire.

MA RENCONTRE AVEC LE MAGE DE ZURICH[1]

Après la reprise tardive de mes études de philosophie, j'étais toujours surveillant d'internat à l'âge de trente ans, car je n'avais réussi que ma licence. Je m'éternisais dans l'échec. Le concours qui me permettrait de devenir enfin professeur de philosophie semblait m'être interdit à jamais. Je ne parvenais pas à franchir ce cap fatidique et j'étais ballotté de Charybde en Scylla dans l'attente anxieuse d'une réussite qui ne venait pas. Je finis par comprendre que cet échec persistant avait sans doute une raison profonde et inconsciente et que je ne pouvais le mettre sur le seul compte de la difficulté du concours ou de mon incapacité à le réussir. Je pris alors la grave décision de commencer une psychanalyse. J'habitais à Vienne, dans l'Isère, une ville au nom idéal pour me lancer à la découverte de mon inconscient. Je cherchai dans les Pages jaunes un psychanalyste viennois qui soit psychiatre afin de me faire rembourser mes séances par la Sécurité sociale et ma mutuelle, mon salaire de surveillant d'internat étant très maigre. C'est le hasard qui me mena dans le cabinet d'un psychanalyste jungien

1. Carl Gustav Jung, psychanalyste (1875-1961).

– je n'avais jamais entendu parler de Jung auparavant. Je me rappelle encore ma première séance. J'avais lu *Les Mots pour le dire*, de Marie Cardinal, peu de temps avant et j'étais encore tout imprégné du récit émouvant et passionnant de sa psychanalyse. Dans le renfoncement d'une porte d'immeuble où je m'étais abrité de la pluie en attendant l'heure de ce premier rendez-vous si important pour moi, je me dis en substance : « Garde en mémoire ce jour, cette pluie battante, ce moment présent, parce que c'est sans doute le début d'une grande aventure. » Je me remémore mon attente, à la fois anxieuse et impatiente, rythmée par les grosses gouttes de pluie qui tombaient dru devant moi. J'ai gardé dans une boîte en carton, comme une relique précieuse, le petit bout de papier sur lequel j'avais noté le nom du psychanalyste, l'adresse de son cabinet, la date et l'heure de ce premier rendez-vous, le code d'entrée de l'immeuble.

Je me souviens aussi des premiers et des derniers mots du psychanalyste, ce jour-là. Il commença la séance avec cette question, pleine de sens : « Qu'est-ce qui vous amène ? », et il la termina avec cette affirmation, qui eut le tranchant d'un diagnostic à la fois fiable et inquiétant : « Il y a urgence. » Entre les deux bouts de cette première séance, qui dura quarante-cinq minutes comme les nombreuses autres que je vivrais pendant dix ans, je commençai à me dire, à faire entendre ma voix à cet étrange inconnu, à ce psychopompe mystérieux : mon psychanalyste. « Qu'est-ce qui vous amène ? » J'ai perçu immédiatement l'importance de cette question, sa profondeur et sa cohérence au commencement de cette expérience psychanalytique que je désirais vivre. Elle résonna en moi comme une énigme sacrée posée par cette Sphinge que je m'apprêtais à affronter : la psychanalyse. Mais en réalité, c'était surtout à moi-même que j'allais être confronté pendant des années, à un *moi-même* inconnu de *moi-même*, et mon psychanalyste ne fera que m'aider à me percevoir de manière plus claire dans le miroir de mon être. Rien de narcissique dans ce travail, cette démarche, *cette marche à deux*, mais plutôt le souci sincère et honnête de répondre à cette injonction delphique essentielle : « Connais-toi toi-même. »

« Il y a urgence. » C'est la souffrance qui m'a mené dans un cabinet de psychanalyste, et non pas une simple curiosité intellectuelle ou un désir léger d'aventure. Au-delà de l'impasse sociale et professionnelle dans laquelle je m'éternisais, j'avais le sentiment de vivre une crise bien plus radicale, bien plus profonde. C'était un échec existentiel, qui pouvait mener au pire : la mort du désir. Et la mort du désir, n'est-ce pas la mort tout court ? Pour moi, commencer une analyse était une manière de ne pas renoncer au désir qui m'animait, pour ne pas le trahir, pour ne pas capituler face au néant qui semblait vouloir l'engloutir. J'avais frappé à la porte de ce psychanalyste pour comprendre cette « panne existentielle » dans laquelle je me débattais et m'épuisais comme peut se débattre et s'épuiser un homme jeté à l'eau et qui ne sait pas nager. Tous mes efforts d'autoanalyse n'avaient fait que m'enfoncer encore plus dans la névrose. J'avais noirci pendant des années de nombreux cahiers pour essayer de comprendre seul cette souffrance qui me minait depuis si longtemps. En vain.

Lors de cette fameuse première séance, j'ai beaucoup parlé de mon père, évidemment, parce que j'étais convaincu qu'il constituait à lui seul la pièce maîtresse de ma névrose. J'y suis arrivé armé de mes notions freudiennes et lacaniennes. J'ai joué à l'apprenti psychanalyste d'emblée, en y allant de mon couplet bien rodé sur mon complexe d'Œdipe non résolu, mon angoisse de castration, ma rivalité avec mon père, etc. Le psychanalyste me laissa dire, ne me contraria pas, jusqu'à ce que je lui parle du rapport très problématique que j'entretenais avec la religion de mes parents et de mes ancêtres. Je me souviens de son intervention très ciblée : « Il semble y avoir en vous une confusion entre votre famille et l'islam, or je pense qu'il faut bien les distinguer. » J'avais évoqué ma culpabilité de ne plus être musulman pratiquant depuis l'âge de dix-neuf ans, après ma rencontre avec Michel. Je pensais que c'était là le nœud gordien de ma souffrance psychique : j'avais trahi mes parents, ma religion, ma culture d'origine et, partant, toute ma lignée ancestrale. Là était la seule cause de la culpabilité qui m'empêchait de me réaliser, d'avancer dans ma vie, de concrétiser mon désir, mon projet professionnel. Il suffirait alors de trancher ce nœud pour que tout rentre dans l'ordre. Ma guérison pouvait être aussi simple que cela. Mon psychanalyste me laissa en suspens. Il s'était contenté de pointer cette confusion entre famille et islam qu'il avait perçue en moi. La séance s'est achevée avec cette première piste dont je découvrirais toute l'importance plus tard. Avant cette séance initiale, j'avais déjà tenté quelques bribes de thérapie, mais le courant n'était pas passé avec les personnes rencontrées, probablement parce que ce n'était pas encore le moment. Tandis qu'avec ce psychanalyste, je sentais nettement que quelque chose de spécial allait se jouer entre nous, et que cette fois-ci, c'était le bon thérapeute, celui qu'il me fallait à ce moment précis de ma vie. J'étais convaincu qu'il ne pouvait être que de l'école freudienne ou lacanienne, car je ne savais pas encore qu'il existait une autre grande école de psychologie analytique, celle qui avait été fondée par Carl Gustav Jung.

Quelques séances plus tard, sur la table basse de la salle d'attente du cabinet, je remarquai un gros livre, une sorte d'album, dont le titre était *L'Homme et ses Symboles*[2], et je vis pour la première fois le nom de l'auteur principal de cette œuvre collective regorgeant d'images plus ou moins anciennes et de photographies : Carl Gustav Jung. Ce livre semblait m'attendre. Quand le psychanalyste vint me chercher pour débuter notre séance, je lui fis part de ma curiosité et de mon intérêt pour cet ouvrage étrange et fascinant, et il me dit : « S'il vous intéresse, je vous le prête, vous pouvez l'emporter chez vous. » Je fus à la fois surpris et honoré que mon psychanalyste me prête l'un de ses livres (son

2. C. G. Jung, *L'Homme et ses Symboles*, Paris, Robert Laffont, 2002.

cabinet était une véritable bibliothèque), mais également intrigué par ce geste, comme si je pressentais déjà l'importance de cette sorte de grimoire et de son auteur principal dans l'aventure psychanalytique que je m'apprêtais à vivre. Dès que je fus rentré chez moi après cette séance, je me plongeai avec beaucoup de curiosité dans cette œuvre qui allait me donner la clé de l'école jungienne de psychologie, si injustement méconnue en France. J'y découvris d'abord ses concepts essentiels : la persona, l'ombre, l'*anima*, l'*animus*, l'inconscient collectif, les archétypes, l'individuation, le Soi. Surtout, je compris avec bonheur et enthousiasme que le travail sur cette voie jungienne si particulière s'apparentait à une sorte de quête du Graal ou de la pierre philosophale des alchimistes. Et puis je sentais confusément qu'elle pourrait m'aider à démêler l'écheveau de mon rapport problématique avec l'islam, car la particularité de Jung est qu'il ne rejeta pas la spiritualité religieuse sous le prétexte qu'elle serait foncièrement névrotique et antiscientifique, comme le pensait Freud. Bien au contraire, il tenta toute sa vie de concilier spiritualité et psychologie. C'est d'ailleurs sans doute pour cette raison que le couple Freud-Lacan est préféré au Mage de Zurich dans le paysage psychanalytique français.

LE TRAVAIL PSYCHANALYTIQUE

Une autre bribe de ma première séance d'analyse me revient : à la fin de celle-ci, mon psychanalyste me parla de l'importance des rêves, qui ne relèvent pas du domaine de la conscience et qui constituent de ce fait un matériau indemne de nos jugements égotiques, de nos raisonnements par trop rationnels. Il m'orienta d'emblée vers la contrée étrange et fascinante de ma vie onirique, qui deviendra si importante, si essentielle dans mon travail psychanalytique futur. Pas de découverte de soi en profondeur sans une attention constante à ses rêves. Et il est bien connu dans le monde psychanalytique qu'au commencement d'une cure, le premier rêve apporté en séance est fondamental, au sens où il montre et pose de manière nette, sans bavure, la problématique psychique centrale qu'il faudra ensuite travailler avec constance durant des années. « Sans cesse remettre l'ouvrage sur le métier », cette maxime s'applique particulièrement bien au travail analytique. Ce premier rêve fondateur vint rapidement. J'en fus très étonné, comme je serai étonné, durant tout le temps de ma psychanalyse, par ce genre de rêves qui semblent venir de si loin. Il m'apparaît aujourd'hui comme si je l'avais fait la nuit dernière, alors qu'il date de la fin de l'année 1997. Le voici. Un nain d'allure sauvage et à la chevelure sombre et hirsute assassine une femme de nombreux coups de couteau dans un appartement. Des policiers arrivent sur le lieu du crime, que j'inspecte avec eux ; nous découvrons, dans un grand placard mural de la cuisine, du miel et du haschich, et dans une sorte de faux plafond un grand nombre de billets de banque qui pourraient constituer un trésor ou un butin. Les policiers arrêtent le nain, le menottent et l'emmènent avec eux. Pourtant celui-ci ne semble ressentir aucune culpabilité. Au contraire, en sortant de l'immeuble, escorté par deux policiers, il chante en souriant. Dernier détail du rêve qui a son importance : la scène se passe à Lyon, et l'immeuble où habite le nain se trouve rue Sébastien-Gryphe. J'apportai donc ce premier rêve en séance, encore troublé par son contenu violent, mystérieux et inquiétant. Après l'avoir raconté à mon psychanalyste, celui-ci me demanda, comme il le fera toujours par la suite avec mes rêves, ce que je pourrais bien lui associer. La première association qui me vint à l'esprit fut le fait que mon père habita la rue Sébastien-Gryphe, à Lyon, dans les années cinquante. Spontanément, je dis que ce nain pourrait bien symboliser mon père, lui qui fut si violent. Mais mon psychanalyste me fit cette remarque qui coupa net mon élan interprétatif : « Oui, mais c'est tout de même vous qui avez fait ce rêve. » D'un seul coup, la perspective s'inversa : ce nain assassinant une femme pouvait être (aussi ? surtout ?) une part de moi-même. Je compris pourquoi, peu de temps avant cette séance, mon psychanalyste m'avait prêté *L'Homme et ses Symboles*. J'y avais trouvé une notion clé de la psychologie jungienne, l'*ombre*, cette part de notre inconscient la plus refoulée, la plus archaïque, la plus primitive. Je pouvais à présent identifier le nain assassin de mon rêve : ce personnage violent et étrange n'était autre que ma propre ombre. Il me fallait admettre que cette entité psychique si négative habitait en moi ! Je repensai à cette fameuse expression de Freud qualifiant l'inconscient d'*inquiétante étrangeté*. Cela m'aurait bien arrangé de refiler ce nain à mon père. Mais non, je devais me confronter à ma propre ombre, à mon propre inconscient, avec courage, honnêteté et sincérité. C'était comme un destin, une mission, et je me sentais prêt pour ce travail, aussi difficile qu'il pourrait être. Ce premier rêve essentiel me montrait de manière très juste l'état déplorable dans lequel se trouvait le pôle masculin de mon âme. J'étais l'héritier et le porteur inconscient de cette masculinité naine ou sous-développée – sans doute issue de ma lignée patriarcale misogyne – qu'il me faudrait faire grandir au prix de grands efforts et de nombreuses épreuves pendant des années. Cette croissance nécessaire de la masculinité en moi sera indissociable de la découverte du pôle féminin de mon âme, ce que Jung appelle l'*anima*.

Le Mage de Zurich considérait en effet qu'en tout être humain se trouve une polarité psychique du sexe opposé. Il la nomma *anima* pour l'homme et *animus* pour la femme. J'appris lors de ma psychanalyse, grâce à un certain nombre de rêves, que mon *anima* était dans un état tout aussi déplorable que ma polarité masculine. La féminité en moi était en quelque sorte endormie, ou empoisonnée, telles la Belle au bois dormant ou Blanche-Neige. Non seulement je devais faire grandir « l'homme nain » en moi, mais je devais aussi ressusciter ma propre féminité. Évidemment, le décès de mes quatre sœurs fut central dans ce travail de résurrection de mon *anima*. Une nuit, je fis d'ailleurs ce rêve merveilleux : je vis Aïcha (qui signifie « la vivante », en arabe), la première-née de mes parents morte à neuf mois d'une intoxication alimentaire, selon la version officielle du roman familial, sous la forme d'une belle femme adulte en train de donner un biberon de lait à une petite fille qui n'était autre… qu'elle-même ! Ce beau message de mon inconscient fut très clair : le féminin en moi pourrait se redonner vie lui-même, par une sorte de parthénogenèse psychique. Alors, tout comme Jung le fit en pionnier, je fus de plus en plus à l'écoute de ma propre *anima*, de ma féminité intérieure. Et c'est cette féminité ressuscitée progressivement qui me permit aussi de développer mon pôle masculin si mal en point, comme mon premier rêve me l'avait montré clairement. En ce sens, mon analyse fut un long travail de rééquilibrage et d'harmonisation du féminin et du masculin en moi. C'est ce que Jung appela *la conjonction des opposés*, une notion qu'il emprunta aussi bien à Héraclite, à Nicolas de Cues, à l'alchimie et au taoïsme.

Dans le cadre de ce livre, je ne peux entrer dans le détail du long travail que j'ai dû faire pour concilier progressivement ces opposés et complémentaires que sont le masculin et le féminin. J'ai une dette infinie envers le Mage de Zurich et mes deux psychanalystes jungiens. J'ai poursuivi en effet mon travail de rencontre avec mon *anima* aux côtés d'une psychanalyste de la même école durant cinq années. Mon analyse s'est donc déroulée en deux tranches de cinq ans : la première avec un homme, la seconde avec une femme. Avec le premier, nous avons surtout travaillé sur ma part d'ombre, sur ma masculinité blessée, pour ne pas dire ratatinée ; avec la seconde, nous avons concentré nos efforts sur la féminité souffrante en moi, qu'il nous fallait soigner et revivifier. Cette thérapeute travaillait d'ailleurs avec un best-seller de l'école jungienne, *Femmes qui courent avec les loups*, de Clarissa Pinkola Estés[1]. Ce livre m'a beaucoup aidé, alors qu'il est plutôt destiné aux femmes selon l'aveu de son auteure. J'y ai trouvé des contes auxquels j'ai été très réceptif, comme *La Femme-Squelette* ou *Vassilissa*. Quand on fait ce genre de travail sur soi en profondeur, on comprend de mieux en mieux que la ligne est très ténue, en réalité, entre le féminin et le masculin. La longue histoire du vivant a nécessité une bipolarisation des sexes, mais plus on s'approche du Soi, ce centre profond de notre être, plus cette bipolarisation perd de son importance, si je puis dire. Car être soi, ce n'est pas être masculin ou féminin, c'est être simplement l'humain que l'on est destiné à incarner. C'est pourquoi plus les polarités opposées sont

1. Clarissa Pinkola Estés, *Femmes qui courent avec les loups. Histoires et mythes de l'archétype de la Femme sauvage*, Paris, Le Livre de Poche, 2001.

équilibrées et harmonisées, plus le Soi peut se déployer en toute liberté. On devient ainsi *libre des contraires*, comme le dit si bien Jung lui-même à la fin de son livre *Dialectique du Moi et de l'inconscient*[2]. Et en effet, je me suis progressivement libéré des contraires grâce à ce patient travail d'analyse. Et parmi les oppositions qu'il m'a fallu dépasser, il y eut aussi la double filiation culturelle du fils de Marianne et de Mahomet…

2. C. G. Jung, *Dialectique du Moi et de l'inconscient*, Paris, Gallimard, coll. « Folio essais », 1986.

ENFIN PROFESSEUR DE PHILOSOPHIE !

Mes deux psychanalystes furent en quelque sorte des parents de substitution, avec toutes les facettes possibles du transfert si important pour la progression de la cure. Avec le premier, j'ai revécu la rivalité mimétique qui m'a fait tant de mal dans ma relation avec mon père, et cette tranche d'analyse s'est elle-même terminée avec une porte de cabinet fermée définitivement. J'ai souffert de cette fin de transfert brutale, qui est intervenue au début de ma carrière de professeur de philosophie, comme par hasard. Mais je compris plus tard que c'était dans l'ordre des choses, car il me faudrait bien un jour ou l'autre *tuer le père*. Le psychanalyste François Roustang est allé jusqu'à dire qu'un analysant qui viendrait tout casser dans son cabinet serait sans doute sur la voie de la guérison ! Tandis qu'avec ma psychanalyste, ce fut tout l'opposé : j'ai vécu en effet avec elle l'amour inconditionnel et l'empathie sans jugement. Ce transfert très positif fut le véritable creuset de ma guérison. Bien sûr, un transfert ne suffit pas pour guérir, et j'ai poursuivi la dialectique du Moi et de l'inconscient après m'être séparé de ma psychanalyste, mais il a semé en moi assez de graines d'amour et d'empathie pour m'aider à tenir debout sans béquilles. Mon premier thérapeute, quant à lui, féru de philosophie et de spiritualité, fut un véritable coach au sens où il m'a aidé à écrire mon mémoire de maîtrise et à réussir ce fichu concours qui me permettra d'être professeur de philosophie. Ne jamais renoncer à ses désirs les plus vrais, les plus sincères, ceux qui émanent des profondeurs du Soi, fut en quelque sorte ma devise durant toutes ces années de galère. J'ai encore le souvenir du sujet de dissertation de ce concours si redouté. Il était étonnamment en lien avec un problème que j'avais travaillé en analyse : « Qu'est-ce qu'agir ? » J'ai senti en le traitant que je vivais un *Kaïros*, que c'était enfin le *moment opportun* pour moi de remporter cette épreuve. Une analyse peut servir à cela aussi : se confronter à sa peur de réussir pour se donner enfin le droit de réussir.

J'avais choisi le thème du changement pour mon mémoire de maîtrise de philosophie parce qu'il était directement en rapport avec mon vécu psychanalytique. Parmi les livres qui ont nourri et inspiré ce travail, il y eut *Entre-deux. L'origine en partage*, du psychanalyste Daniel Sibony[1]. J'avais retenu surtout ces extraits qui m'ont aidé à comprendre ma propre problématique psychique : « Toutes nos situations cruciales sont sous-tendues par une position d'entre-deux, posture instable ou incrustée dont l'épreuve semble décisive. Déjà

1. Daniel Sibony, *Entre-deux. L'origine en partage*, Paris, Seuil, 1991.

lorsqu'on a un symptôme, et qu'on y est d'une certaine façon installé, la question de le quitter – de changer d'impasse, de discours, ou de disque – revient à pouvoir affronter l'entre-deux, le passage, l'abîme parfois, entre ce symptôme – avec l'assurance qu'il donne – et l'inconnu où l'on n'ose pas mettre le pied, faute de place, de certitude, de garantie… Entre ces deux pôles, on peut s'abîmer dans l'attente, nom aseptisé pour la souffrance, l'hésitation, ou la peur ; le coinçage entre-deux. » « Peut-être les épreuves d'entre-deux se ramènent-elles à des mouvements plus ou moins riches où une identité tente de recoller ses morceaux, de s'intégrer à elle-même (en croyant s'intégrer à d'autres), de s'assumer comme une tenue d'arlequin dans le cirque du monde. » Le fils de Marianne et de Mahomet que je suis s'est effectivement constitué sa propre tenue d'Arlequin dans le creuset de son entre-deux culturel. Je fus très sensible à cette notion d'entre-deux comme figure de l'origine. Nous sommes trop souvent dans une logique du « ou bien… ou bien… », comme l'a compris le grand philosophe Kierkegaard, dans une logique du tiers exclu et rarement du tiers inclus. Nous sommes trop manichéens, binaires, alors que la vie elle-même ne l'est pas, au sens où elle est créatrice, c'est-à-dire que d'une opposition, d'un conflit entre deux termes, elle sait tirer du nouveau pour peu qu'on la laisse faire. Or ma vie était un véritable champ de bataille au moment où je commençai mon analyse. Étais-je musulman ou pas ? Étais-je un homme ou pas ? Qui étais-je au juste ? Je vivais dans un déchirement et un questionnement intérieurs permanents.

Mon premier psychanalyste me prêta également des livres de Henry Corbin, ce grand islamologue qui fut un ami de Jung et qui travailla avec lui dans le fameux Cercle d'Eranos, ainsi qu'avec d'autres savants de renom : Gershom Scholem, Mircea Eliade ou encore Gilbert Durand. Ces lectures me permirent d'aborder tout un pan de la spiritualité islamique que j'ignorais totalement. J'appris avec bonheur et émerveillement que chez les grands maîtres soufis, l'amour était central. Que l'islam qu'ils vivaient et préconisaient n'avait rien à voir avec l'islam misogyne et légaliste de mon père. C'était un islam du cœur, un islam de l'amour, un islam ouvert aux autres grandes traditions spirituelles et non fermé sur lui-même. Mais n'était-ce pas tout simplement le véritable islam ? Celui que le prophète Mahomet a voulu transmettre mais qui aurait été gauchi et perverti par des siècles de dogmatisme et de ritualisme ? Mon psychanalyste me permit d'ouvrir la porte de cette authentique spiritualité islamique et m'aida ainsi à me réconcilier progressivement avec la religion de mes ancêtres. Car j'avais été en froid avec cette religion un certain nombre d'années après ma rencontre avec Michel Cressole. J'en étais sorti tel un fils prodigue voulant découvrir le monde, l'inconnu, l'Autre.

BIENVENUE CHEZ LES CATHOS !

Je réussis mon concours avec panache – je fus classé deuxième au niveau national, quelle fierté ! Mais après ce succès, il se passa quelque chose de proprement incroyable et scandaleux. Il me fallait trouver au moins un poste à mi-temps afin de valider mon concours. Pour ce faire, je frappai aux portes des académies les plus proches de mon domicile, celles de Lyon et de Grenoble. En vain. Aucun établissement catholique de ces deux académies n'était en mesure de me proposer un poste, pas même à mi-temps. J'avais en effet passé un concours qui ne me permettait d'exercer que dans l'enseignement catholique, et cela non pas par choix mais par nécessité, car j'avais échoué à deux reprises au concours de l'enseignement public. On me conseilla d'élargir mon champ de recherche à d'autres académies, dont celle de Clermont-Ferrand, où je finis par dénicher un poste à temps plein dans la lointaine bourgade de Saint-Flour, en Auvergne. J'envoyai immédiatement une candidature à la direction diocésaine de l'enseignement catholique (DDEC) du Cantal, basée à Aurillac. Également en vain. J'appelai le directeur en personne. Au bout du fil, j'eus un homme gêné aux entournures, un prêtre qui me tint au téléphone ce langage inouï : « Il faut que vous compreniez, monsieur Zitouni, que dans notre région, nous ne sommes pas habitués à des personnes comme vous, de culture musulmane. Vous seriez libanais ou palestinien chrétien, ça passerait, mais je suis dans le regret de vous dire qu'on ne pourra pas vous recruter dans notre lycée de Saint-Flour. » Les bras m'en sont tombés. Mais je ne me démontai pas et je renchéris même dans le sens de son propos, dans une logique absurde dont j'expliquerai la raison après : « Et si je changeais de prénom ? Si au lieu de Soufiane je m'appelais Stéphane, est-ce que ça passerait mieux ? » Je sentis au téléphone que ce prêtre catholique mal inspiré prit un petit temps de réflexion puis me dit d'un ton très sérieux : « Oui, peut-être qu'en changeant de prénom ça passerait mieux, c'est une idée... » Je raccrochai. Figé face à mon téléphone, je me mis à pleurer à chaudes larmes. Je ressentis une immense tristesse envahir tout mon corps et toute mon âme. Ma petite fille aînée, inquiète, était à mes côtés et me demanda ce qui se passait. Je lui expliquai, puis, spontanément, des souffrances du passé causées par le même type de racisme ordinaire se mirent à défiler devant mes yeux : l'institutrice qui avait osé nous dire, à nous élèves issus de l'immigration maghrébine, que nos parents nous avaient faits pour les allocations familiales ; une famille d'accueil paysanne pendant une énième dépression de ma mère qui nous incita, mes frères et moi, à manger du *khalouf*[1] sur un

1. Porc, en arabe.

ton moqueur et vicieux ; des policiers qui éclatèrent de rire, à Vaulx-en-Velin, pendant un contrôle d'identité quand je leur dis que j'étais étudiant à Sciences Po, parce qu'ils ne me croyaient pas ; un restaurateur lyonnais qui me rebaptisa Yann pour ne pas froisser sa clientèle bourgeoise avec un nom arabe quand j'étais serveur chez lui (d'où ma proposition au prêtre raciste de changer de prénom) ; les insultes – bougnoule, bicot, crouille, gris, melon, boukak, sale Arabe – maintes fois entendues, encaissées, digérées… Toutes ces vexations et humiliations subies par le passé à cause de ce racisme anti-Arabes typiquement français revinrent à moi comme un boomerang ce jour-là. Cela ne finirait donc jamais ? Je venais de réussir enfin un concours de la République française, j'étais même classé deuxième au niveau national, et un prêtre catholique osait me tenir ce genre de propos racistes dignes d'un partisan de l'apartheid ou d'un membre du Ku Klux Klan ! Quand je recouvrai mes esprits, je téléphonai au rectorat de Clermont-Ferrand et j'y trouvai là-bas, fort heureusement, de vrais républicains, qui jugèrent ces propos scandaleux et qui firent le nécessaire pour que je puisse avoir le poste souhaité à Saint-Flour. Car, en tant que lauréat d'un concours national, j'étais prioritaire par rapport à un catholique bon teint non titulaire que le prêtre raciste voulait nommer à ma place. Ma vie si chaotique m'a appris dans les larmes et la douleur ce que signifie l'expression chrétienne « boire le calice jusqu'à la lie ». D'ailleurs, après ma démission du lycée Averroès, fin janvier 2015, je buterai encore une fois sur une frilosité plus que suspecte de chefs d'établissement catholique du département du Nord auxquels j'avais envoyé une candidature. Et sans l'intervention de la ministre de l'Éducation nationale elle-même, Najat Vallaud-Belkacem, je n'aurais probablement pas eu de poste dans l'enseignement catholique pour la rentrée 2015-2016…

Dans *L'Idiot*, de Dostoïevski, mon roman préféré de cet immense écrivain russe du XIXe siècle, un personnage prétend pouvoir démontrer que catholicisme et hypocrisie sont consubstantiels. Je n'irai pas jusqu'à cette extrémité, car j'ai rencontré, dans ma longue fréquentation d'établissements catholiques et dans le cadre du dialogue islamo-chrétien, des personnes qui m'ont semblé fidèles au message d'amour et de fraternité du Christ, Dieu merci. Mais je dois confesser ici que j'ai croisé aussi un certain nombre de pharisiens catholiques qui se gargarisent tous les dimanches matin avec des sermons sur l'amour du prochain tout en étant foncièrement racistes, islamophobes et homophobes. Quel paradoxe ! Et quel manque de fidélité au message de Jésus ! Les musulmans n'ont pas le monopole de la bêtise dogmatique, loin s'en faut. Les catholiques ont aussi un grand ménage à faire dans leurs propres rangs. J'aime à dire qu'Allah n'appartient pas aux musulmans ni le Christ aux chrétiens. Trop de croyants vivent leur religion comme une communauté fermée sur elle-même et ont une conception exclusive et non inclusive de la spiritualité. Je vais donner ici des exemples vécus des deux côtés de la barrière, si je puis dire.

Quand j'enseignais dans un lycée catholique à Valence, dans la Drôme, il m'est arrivé d'accompagner des élèves de la section « Sciences sanitaires et sociales » au pèlerinage du Rosaire, à Lourdes, pour les inciter à réfléchir avec moi sur leur pratique d'aide à des personnes gravement malades ou handicapées. Ce pèlerinage, qui attire des milliers de personnes chaque année, est organisé par des dominicains. J'ai voulu profiter de cette occasion pour dialoguer fraternellement avec certains d'entre eux, mais je me suis rendu compte avec tristesse que mes interlocuteurs n'étaient pas réellement ouverts au dialogue et qu'ils cherchaient en plus à me convertir insidieusement à leur religion. Quand j'ai confié ma déception à l'un d'entre eux en pointant son prosélytisme si étonnant pour moi, il me fit cette réponse incroyable : « Tu es quand même sur notre territoire, là. » Je restai bouche bée face à tant de bêtise et de fermeture. Ce pauvre dominicain était tellement persuadé de détenir la meilleure des religions qu'il ne pouvait comprendre ma démarche de dialogue non dogmatique et ouvert véritablement à l'Autre.

L'autre exemple s'est déroulé à Valence. Une association inféodée à l'UOIF[2], la mal nommée « L'Ouverture », avait organisé un jour une conférence sur le thème du *djihad el nafs*, c'est-à-dire « le combat contre son ego », un thème cher aux soufis qui m'avait particulièrement attiré. Je me rendis à cette conférence,

2. Union des organisations islamiques de France, réputée proche de l'idéologie islamiste des Frères musulmans égyptiens.

dont l'orateur était un certain Hassan Iquioussen[3], un nom que je recroiserai quelques années plus tard pendant l'affaire du lycée Averroès. Ce prédicateur nordiste ne nous parla absolument pas du thème annoncé sur l'affiche qui avait attiré mon attention. Non seulement il n'en parla pas, mais son discours ne fut qu'une diatribe très violente contre la France et les Occidentaux en général, avec cette conclusion qui me choqua énormément : en s'adressant à un parterre d'hommes barbus et de femmes voilées évidemment acquis à sa cause, il leur dit qu'ils étaient les meilleurs en sous-entendant par là qu'ils étaient meilleurs que les Français et les Occidentaux non musulmans dans leur ensemble. Scandalisé par un tel sermon anti-Français et anti-Occidental primaire, je m'en ouvris aux organisateurs de cette conférence, qui n'avaient pas l'air troublés du tout. Je ne connaissais encore rien de l'UOIF et de ses sbires zélés. C'est ce jour-là que je découvris de l'intérieur l'idéologie extrêmement malsaine que les adeptes de cette organisation islamiste peuvent véhiculer par le biais de leurs pseudo-conférences. Quelle hypocrisie ! Afficher un thème fondamental de l'islam authentique et, au lieu de cela, parler de ces méchants Français et Occidentaux qui auraient fait et feraient encore tant de mal à ces pauvres victimes que sont les musulmans. Un discours victimaire détestable.

3. Hassan Iquioussen est un prédicateur sulfureux de l'UOIF, dont le journal *L'Humanité* a révélé des propos antisémites et complotistes en 2004. Il a été professeur d'éthique islamique au lycée Averroès...

Ces deux exemples vécus côté catholique et côté musulman illustrent parfaitement cette fermeture dogmatique et idéologique que je veux dénoncer. Bien sûr, les mêmes pharisiens peuvent nous jouer la jolie sérénade du « dialogue islamo-chrétien », qui n'est bien souvent qu'un dialogue de sourds destiné à donner une image positive de soi aux autres (et à soi-même sans doute aussi, par narcissisme communautaire). Mais quand on gratte un peu ce vernis, on se rend compte assez rapidement que chaque camp croit posséder la meilleure religion et le meilleur Dieu. Alors que ces pharisiens chrétiens et musulmans se foutent éperdument du vrai Dieu, j'en suis convaincu.

LES FILS DE LA VEUVE[1]

J'ai déjà évoqué le fait que des francs-maçons lyonnais du GODF m'avaient approché en 1985 pour me recruter, par l'intermédiaire de mon professeur de philosophie de terminale, alors que je n'avais que dix-huit ans. C'était évidemment trop tôt pour être initié. Je considère effectivement aujourd'hui que toute initiation authentique nécessite une propédeutique, une préparation, un cheminement préalable qui permet à un moment donné de recevoir cet enseignement spirituel. Ce fut le cas pour mes dix années de psychanalyse commencée à l'âge de trente ans ; ce sera vrai aussi pour mes initiations maçonnique et soufie.

1. Les francs-maçons s'appellent eux-mêmes parfois « les fils de la Veuve », au sens où ils sont orphelins du bon Maître Hiram, architecte légendaire du Temple de Salomon et archétype du maître franc-maçon, assassiné par trois mauvais Compagnons (*cf.* note 4, page 192). La Veuve en question est donc la franc-maçonnerie elle-même, qui a perdu son sage époux et rêve de le voir ressuscité afin de retrouver sa sagesse perdue... On peut rapprocher ce mythe franc-maçon fondateur du mythe égyptien d'Isis et Osiris.

Je fus initié franc-maçon au grade d'Apprenti à l'âge de trente-trois ans, l'âge du Christ, dit-on traditionnellement. Mes retrouvailles avec mon ex-professeur de philosophie à cet âge-là furent dues à un concours de circonstances étonnant. Mon regretté ami Salim, en quête de travail, eut un jour un rendez-vous avec ce personnage décidément déconcertant, car d'intellectuel prétendument marxiste il était devenu chasseur de têtes, avec son propre cabinet de recrutement à Lyon ! Ce professeur et moi nous étions perdus de vue depuis des années ; au fond, il n'y eut jamais de véritable amitié entre nous. Mais quand il vit dans le CV de Salim qu'il était originaire du même village que moi dans le haut Beaujolais, il lui demanda s'il me connaissait et finit par lui demander mon numéro de téléphone. C'est donc mon cher Salim qui a permis que nous nous retrouvions et, par voie de conséquence, que je devienne franc-maçon. Le destin est parfois facétieux, mais j'ai appris avec le temps à voir la main de Dieu dans certaines coïncidences troublantes que j'ai vécues. J'aime beaucoup cette citation de Théophile Gautier, et non pas d'Albert Einstein comme beaucoup le croient, bien que ce scientifique agnostique aurait pu dire la même chose : « Le hasard, c'est peut-être le pseudonyme de Dieu, quand il ne veut pas signer. »

Le chasseur de têtes m'invita à déjeuner au restaurant d'un tennis-club situé dans un quartier bourgeois des hauteurs de Lyon, et je fus très étonné de ce nouveau standing dans lequel il évoluait. Je lui fis remarquer ce hiatus entre ses beaux discours de jeune prof de philo marxiste et le grand train qu'il menait. Cependant, je perçus assez rapidement que ce n'était que de la poudre aux yeux : son cabinet fit faillite peu de temps après et il se retrouva sur la paille, congédié par une épouse au bord de la crise de nerfs. Il n'avait pas vraiment changé, il oscillait tel un funambule maladroit entre son aspiration à une vie bourgeoise et un désir mégalomaniaque de gloire littéraire. Ses envolées marxistes de jeune enseignant séducteur n'avaient illusionné que lui-même. Je sais aujourd'hui pourquoi la vie a remis ce personnage si ambigu sur ma route : mon initiation maçonnique allait jouer un rôle déterminant pour mon individuation, tout comme ma psychanalyse jungienne et ma rencontre providentielle avec un maître soufi contemporain. Mon ex-professeur, quant à lui, était de ces francs-maçons dont parle Jung avec beaucoup de justesse dans *Dialectique du Moi et de l'inconscient*, quand il évoque un homme qui n'a pas beaucoup de valeur à ses propres yeux et qui se prend pour un grand initié dans sa Loge, par compensation inconsciente. Durant mes sept années d'initiation maçonnique, j'ai constaté que les Loges du GODF sont pleines de ces grenouilles qui veulent devenir aussi grosses qu'un bœuf. L'ancien prof de philo devenu recruteur était vénérable de sa Loge lyonnaise quand j'ai enfin accepté d'y être initié. Il avait envie de m'y faire entrer surtout pour que je le voie « dominer » ses frères du haut de son pupitre, avec son chapeau de vénérable ridicule.

Le jour de mon « passage sous le bandeau » – un rituel durant lequel le candidat à l'initiation est aveuglé par un bandeau noir pour que les frères de la Loge puissent lui poser des questions sans être vus –, il y eut un incident qui s'avérera très positif. Dans le cagibi où un frère m'a emmené pour attendre mon tour, j'ai rencontré deux futurs frères. Je n'aurais pas dû les croiser, car c'était le jour de leur initiation au grade d'Apprenti. Ce ne fut un incident qu'en apparence, car à partir de ce jour-là, ces deux frères et moi formâmes un triangle indestructible. Il y a de ces initiations subtiles qui n'ont pas besoin de décorum... Le triangle et le chiffre trois sont fondamentaux en franc-maçonnerie, pour une raison profonde que je ne peux développer ici.

En revanche, je veux bien parler de mes trois initiations aux grades d'Apprenti, de Compagnon et de Maître, et des dérives d'une certaine franc-maçonnerie contemporaine qui trahit impunément l'esprit de cet ordre. D'abord, le grade d'Apprenti m'a appris les vertus du silence et de l'écoute. En effet, sur la colonne du Nord, où les nouveaux initiés ont l'obligation de s'asseoir en loge, l'Apprenti doit se contenter d'écouter ses frères Compagnons et Maîtres sans pouvoir leur répondre ni intervenir. J'ai également appris à ce grade les vertus du service, puisque l'Apprenti doit installer certains accessoires avant chaque tenue (c'est le nom d'une réunion maçonnique) et servir ses frères Compagnons et Maîtres en « salle humide », où ont lieu les agapes fraternelles qui ponctuent chaque réunion. Mais au-delà de ces aspects techniques du service, l'Apprenti doit surtout commencer à *tailler sa pierre brute*, c'est-à-dire à « tailler » son propre ego afin de se perfectionner moralement, comme une pierre brute doit être taillée selon les bonnes proportions pour pouvoir se loger parfaitement dans un édifice en construction. Et l'édifice que les francs-maçons du monde entier sont censés contribuer à bâtir est celui de l'humanité… Vaste programme ! La vertu que doit donc travailler en priorité un Apprenti est l'humilité, grande sœur du service et du respect de l'autre. Puis, en tant que Compagnon, j'ai appris les vertus du voyage et de ce qu'il peut apporter sur le chemin. Mon élévation à ce grade coïncida, comme par hasard, avec l'année où je dus migrer avec ma petite famille vers le Cantal pour valider mon concours de professeur de philosophie. Pour dire au revoir à quelques-uns de mes frères lyonnais, je les avais conviés chez moi à manger un couscous que j'avais cuisiné. À cette occasion, ils m'offrirent un très beau livre dans la collection de la Pléiade intitulé *Les Voyageurs arabes…*

Dans le Cantal, Annie et moi louâmes une belle maison en pierre volcanique du XVIIIe siècle dans un petit village perché à 1 100 mètres d'altitude. Sur le linteau de la porte d'entrée était gravé « L'an 5 de la R » (R comme République), donc une période comprise entre 1796 et 1797, mais j'y vis surtout le chiffre de mon grade de Compagnon, qui est le cinq. Durant ce séjour de trois ans en Auvergne, j'ai appris mon métier de professeur de philosophie et je « maçonnai » dans une petite Loge de Saint-Flour. J'ai vécu avec les frères de cette sous-préfecture du Cantal, ce que Rudyard

Kipling décrit dans son très beau poème *La Loge mère*. Il y avait aussi dans ce modeste atelier maçonnique des hommes de professions très diverses : apiculteur, artiste-peintre, commerçant, instituteur retraité, forestier, et ils étaient athées, agnostiques, catholiques ou de culture musulmane comme moi, mais « *dedans, c'était "mon frère", et c'était très bien ainsi*[2] ».

C'est aussi durant cette période cantalienne de ma vie que je renouai un temps avec l'orthopraxie islamique. Comme je l'ai déjà relaté, ma première tranche d'analyse se termina brutalement, mon psychanalyste m'ayant en quelque sorte claqué la porte au nez après ma réussite au concours de philosophie. C'est sans doute l'une des raisons qui ont provoqué mon burn-out juste avant la fin de ma première année d'enseignement en tant que professeur certifié. Un collègue et ami de ce psychanalyste, jungien comme lui, me dira quelques années plus tard que ce phénomène est connu dans leur métier sous le nom de *trahison*. Drôle de métier qui permet de trahir ses patients… Mais comme je l'ai déjà dit, cette trahison était dans l'ordre des choses, car il fallait bien qu'un jour ou l'autre *je tue le père*. Cependant, comme je n'en étais pas encore à ce stade de mon individuation, je crus naïvement qu'en revenant à la pratique de l'islam tel le fils prodigue

2. Rudyard Kipling, l'auteur du célèbre *Livre de la jungle*, naquit en Inde en 1865. Son poème *La Loge mère* raconte avec lyrisme et émotion la fraternité multiconfessionnelle qu'il a vécue dans la Loge indienne où il fut initié franc-maçon.

dans la maison de son père, je serais enfin guéri de ma douloureuse et sempiternelle névrose. Je devais passer par cette illusion pour en comprendre l'inutilité et devenir quelques années plus tard un homme libre de toute appartenance religieuse. Je cessai alors de boire de l'alcool et de manger du porc et je me remis à prier cinq fois par jour et à jeûner pendant le mois de ramadan. Je me souviens de mes larmes lors de mes ruptures du jeûne en solitaire dans ce petit village perdu au fin fond du Cantal, où j'étais le seul musulman. Je trouvai dans la ville basse de Saint-Flour une petite salle de prière tenue par des travailleurs immigrés marocains, qui m'accueillirent chaleureusement pour la prière du *Tarawih*, cette espèce de marathon religieux qui consiste à réciter une partie du Coran chaque soir du mois de ramadan en restant debout pendant des heures interminables. Je comprends beaucoup mieux aujourd'hui, en écrivant ces lignes, pourquoi j'ai « régressé » vers cette orthopraxie islamique qui ne me convenait évidemment pas. J'avais perdu brutalement l'étayage du transfert avec mon premier psychanalyste, je vivais sans cette béquille, alors je me suis appuyé sur cette autre béquille que peut être la religion. J'ai également compris que c'était une forme de fidélité à ma culture d'origine et à mes parents que je croyais retrouver ainsi. La question de l'identité était donc centrale dans ma névrose. Bien sûr, cette orthopraxie islamique de secours ne dura pas et alla en dents de scie. J'ai souvent pris l'image du pendule pour symboliser mes nombreux allers-retours vers l'islam. Mes propres filles me chambraient parfois en me disant :

« Alors papa, tu es dans une période avec cochon ou sans cochon ? »

C'est avec les frères de la Loge de Saint-Flour que je travaillai ma planche[3] d'élévation au grade de Maître. Je choisis de traiter une vertu cardinale dans toute initiation digne de ce nom : l'humilité. Je découvris pendant ce travail que les mots homme, humilité et *humus* (terre en latin) sont de la même famille, et en ce sens que l'humilité est indissociable du travail que nous avons à faire de notre vivant sur notre terre commune et pour notre humanité commune. J'obtins mon « augmentation de salaire » (une élévation à un grade supérieur) dans ma Loge mère de Lyon, où deux de mes frères de Saint-Flour m'avait accompagné, dont le vénérable. Le Maître franc-maçon est censé ne plus avoir peur de la mort et n'avoir qu'une seule crainte : ne pas faire son devoir. En comprenant cela, je mesurai aussi que les francs-maçons authentiques étaient probablement très rares au sein du GODF. J'y ai tant vu de soi-disant Maîtres imbus de leur personne et avides de pouvoir. Un soir, en salle humide, l'un de ces imposteurs osa me dire de manière très agressive après une planche que j'avais faite sur le symbolisme de l'âne : « Tu sais à qui tu t'adresses ? » J'aurais dû lui rétorquer du tac au tac : « À un frère. » Mais je ne pus rien répondre à ce pharisien de la franc-maçonnerie

3. Une planche maçonnique est un texte lu en loge qui peut traiter de divers sujets comme des symboles, des valeurs, de l'actualité, etc.

tant sa vanité et son orgueil étaient épais. Car il y a aussi des francs-maçons pharisiens, je les ai rencontrés de l'intérieur, comme ceux de l'Église catholique et de l'UOIF. Et puis il y a le fameux réseau maçonnique, qui est une réalité et pas seulement un marronnier pour magazine en panne de sujets. Je les ai vus, ces mauvais Compagnons[4], dans ma propre Loge mère, et leur manège malsain, leurs copinages politiques pour avoir les bonnes places à la mairie de Lyon, qui est tenue par des francs-maçons, comme tout le monde le sait. Je ne dévoilerai pas leur identité, car mon initiation me l'interdit. Ils se reconnaîtront, eux qui trahissent impunément le vrai sens de l'initiation maçonnique et qui font sans cesse entrer des métaux en loge[5].

J'ai eu l'honneur et la chance de rencontrer Bruno Étienne à plusieurs reprises, ce grand sociologue français spécialiste de l'islam de France et de l'émir Abdelkader, et franc-maçon véritable à mon sens. Bruno a écrit un livre trop vite passé aux oubliettes intitulé *Une*

4. Dans un mythe maçonnique central, Hiram, le bon Maître architecte du Temple de Salomon, est assassiné par trois mauvais Compagnons qui veulent lui voler par force son secret. Mais évidemment, ce fameux secret maçonnique ne peut être obtenu de cette manière, car il ne se découvre qu'au bout d'une longue et laborieuse initiation. Aujourd'hui, les mauvais Compagnons sont ceux qui veulent se faire passer pour des initiés alors qu'ils n'ont rien compris à leur propre initiation.
5. Faire entrer des métaux en loge, c'est y faire pénétrer des intérêts profanes comme le clientélisme, le clubisme politique, le carriérisme, etc.

voie pour l'Occident. La franc-maçonnerie à venir[6]. Dans cet essai touffu mais très intéressant, c'est à la fois le sociologue, l'anthropologue et le franc-maçon qui s'expriment, dans une tentative de synthèse que je trouve plutôt réussie, si on fait abstraction d'une certaine rugosité intellectuelle qui caractérisait son style si particulier. C'était un homme gouailleur et provocateur, mais animé par une sincérité profonde qui a pu apparaître, malheureusement, comme l'expression d'un ego démesuré à certains esprits myopes. Cette faconde provençale au service de ses valeurs républicaines et de son idéal maçonnique, qu'il défendit jusqu'à son dernier souffle en véritable initié, était sa marque de fabrique. Dans cet essai, Bruno Étienne défend une franc-maçonnerie authentique, cet ordre initiatique qui est marqué de fond en comble par un symbolisme religieux issu de la Bible et d'autres grandes traditions spirituelles probablement. C'est pourquoi il soutenait avec énergie qu'être antireligieux et franc-maçon était une contradiction intenable et il avait parfaitement raison. Toute la franc-maçonnerie est fondée sur le mythème fondamental de la construction du Temple de Salomon, dont parlent la Bible et le Coran. Comment tirer à boulets rouges sur ces textes religieux en tant que franc-maçon, alors qu'ils sont au fondement de cet ordre initiatique ? J'ai entendu en loge un frère laïcard et bouffeur de curés (comme il y en a plein au GODF) incendier verbalement Bruno Étienne : « Va chez les

6. Bruno Étienne, *Une voie pour l'Occident. La franc-maçonnerie à venir*, Paris, Dervy, 2012.

Anglais, si tu n'es pas content chez nous ! » L'expression « les Anglais » renvoyait, dans sa bouche pleine de fiel, aux francs-maçons qui n'ont pas renoncé dans leurs Loges à la référence au Grand Architecte de l'Univers (GADLU), c'est-à-dire à Dieu. Mais Bruno Étienne voulait surtout que les francs-maçons du GODF se comportent en véritables serviteurs d'une Œuvre créatrice qui transcende leur ego. Et qu'on qualifie cette Œuvre créatrice de divine ou pas lui importait peu, je crois. En revanche, il condamnait à juste titre et avec fermeté le clubisme politique, qui fait trop souvent office d'initiation au GODF, et cet habitus malsain qu'est l'utilisation du réseau maçonnique à des fins égotiques, professionnelles, mercantiles, politiques... Et il avait raison de le faire, car c'était son devoir de franc-maçon de défendre l'ordre qui l'avait initié.

QUAND LE DISCIPLE EST PRÊT, LE MAÎTRE SE PRÉSENTE

Bien des années avant de rencontrer Bruno Étienne, j'avais lu avec émerveillement et émotion son très beau livre sur l'émir Abdelkader intitulé *Abdelkader, isthme des isthmes*[1]. Mon père ne m'avait parlé que de l'émir guerrier qui avait résisté vaillamment à la colonisation française de l'Algérie durant quinze ans. Avant cette lecture déterminante, Abdelkader n'était à mes yeux qu'un héros nationaliste et un résistant très courageux à l'occupant français, rien de plus. C'est grâce à Bruno Étienne que je pris connaissance de ce qu'on pourrait appeler « la seconde vie » de l'émir, celle qu'il passa à Damas jusqu'à sa mort, après avoir été emprisonné cinq longues années en France. Son livre passionnant m'a dévoilé un Abdelkader soufi que j'ignorais totalement, un homme empreint d'une grande spiritualité et féru de philosophie. Comme le disait si bien Bruno lui-même, l'émir était passé du sabre au calame, du petit djihad (*al-djihad al-seghir*) au grand djihad (*al-djihad al-kabir*), c'est-à-dire de la « petite » guerre contre

1. Bruno Étienne, *Abdelkader, isthme des isthmes*, Paris, Hachette, 1994.

l'armée française colonisatrice à la grande « guerre » contre son propre ego, afin de progresser spirituellement jusqu'au *fanâ'*, l'extinction de soi en Dieu. C'est dans ce livre que je découvris avec ravissement que l'émir Abdelkader fut un grand initié soufi mais aussi franc-maçon, n'en déplaise aux nombreux musulmans qui réfutent son initiation maçonnique en affirmant que cet homme accompli spirituellement au sein de l'islam n'aurait pas eu besoin de la franc-maçonnerie pour se réaliser.

Un jour, je trouvai dans une librairie d'Alger un livre qui prétendait démontrer que l'émir n'avait jamais été initié franc-maçon. Je l'achetai pour le lire, mais aussi pour l'offrir à Bruno. Comme j'aurais dû m'en douter, il en avait déjà eu connaissance, et, quand nous nous rencontrâmes à nouveau à l'occasion d'une de ses conférences, il me montra des photocopies de lettres de l'émir Abdelkader écrites en arabe et signées de son sceau, prouvant sans l'ombre d'un doute qu'il avait bien été initié franc-maçon dans une Loge d'Égypte, et cela pour une raison profonde et subtile. Ce n'est pas pour rien que Bruno Étienne a sous-titré son premier livre sur l'émir : *isthme des isthmes*, *Barzakh al-barazikh* en arabe. Ce maître soufi accompli, cet homme devenu universel grâce à un long et patient travail sur lui-même, considérait au XIXe siècle que l'humanité devait impérativement se réconcilier avec elle-même, et pour ce faire, que l'Orient devait s'unir à l'Occident dans un proche avenir. L'émir Abdelkader a sauvé une grande partie de la population chrétienne de Damas en 1860, lors d'un véritable pogrom orchestré par des musulmans sunnites déchaînés qui fit des milliers de morts. Pour cet acte de bravoure et de compassion, il fut remercié et couvert de cadeaux par le tsar de Russie, la reine d'Angleterre, le président américain Abraham Lincoln ainsi que par d'autres têtes couronnées et chefs d'État occidentaux. Et la France le décora de la grand-croix de la Légion d'honneur. À tous, l'émir répondit humblement qu'il n'avait fait que son devoir d'être humain. Il soutint aussi avec beaucoup d'énergie la construction du canal de Suez, un projet dû à son ami Ferdinand de Lesseps, parce qu'il voyait dans cet isthme faisant se rejoindre l'Orient et l'Occident un beau présage pour l'avenir de l'humanité. Voilà pourquoi l'émir Abdelkader a accepté d'être initié franc-maçon à Alexandrie. Il avait compris tout simplement que la franc-maçonnerie authentique était l'exact équivalent occidental du soufisme, sa tradition première, et que ces deux grands ordres initiatiques devaient travailler main dans la main pour le bien de tous. Qu'en est-il aujourd'hui de l'héritage de ce grand homme ?

J'ai rencontré le cheikh Khaled Bentounès sous les lambris de la mairie de Lyon en 2008, à l'occasion du bicentenaire de la naissance de l'émir Abdelkader. Son association AISA (Association internationale soufie Alawiyya) avait organisé, en collaboration avec la municipalité lyonnaise, un hommage émouvant à l'homme universel que fut l'émir. Évidemment, c'est parce que la mairie de Lyon est gérée par des francs-maçons que cet événement a pu facilement avoir lieu dans ce site prestigieux. Mais au-delà du vernis de la communication municipale, ce fut une authentique rencontre fraternelle avec, comme conférenciers, le cheikh Bentounès, Bruno Étienne et Christian Delorme, ce fameux « curé des Minguettes » qui fut l'un des instigateurs et des organisateurs de la célèbre « marche des Beurs ». Christian – il deviendra un ami à la suite de cette rencontre – a écrit un livre sur le passage de l'émir à Lyon après sa libération par celui qui deviendra Napoléon III. C'était à ce titre qu'il était convié à la mairie de Lyon ce jour-là.

À la fin de cette manifestation chaleureuse et émouvante, une amie soufie me présenta le cheikh Bentounès, et celui-ci me dit spontanément : « Ce qui me désole le plus, c'est que les Algériens eux-mêmes ne connaissent pas cet immense patrimoine spirituel que l'émir Abdelkader a légué à l'humanité ! » C'est vrai, cet homme exceptionnel a laissé des textes d'une grande profondeur spirituelle, que tout musulman devrait lire, dont son célèbre *Livre des haltes*[2]. Il a voulu finir sa vie à Damas, car c'était là que son maître par-delà les siècles, Muhieddine Ibn Arabi, né en Andalousie, avait achevé lui-même la sienne au XIIIe siècle. Ibn Arabi, surnommé aussi dans la tradition soufie *al-cheikh al-akbar*, « le plus grand des maîtres », mais aussi *Ibn Iflatun*, « le fils de Platon », a écrit ces vers d'une profondeur et d'une beauté spirituelles incomparables :

2. Émir Abdelkader, *Le Livre des haltes*, Paris, Dervy, 2008.

Mon cœur est devenu capable
D'accueillir toute forme.
Il est pâturage pour gazelles
Et abbaye pour moines !

Il est un temple pour idoles
Et la Ka'ba pour qui en fait le tour,
Il est les tables de la Torah
Et aussi les feuillets du Coran !

La religion que je professe
Est celle de l'amour.
Partout où ses montures se tournent
L'amour est ma religion et ma foi.[3]

Durant ma période de retour à l'orthopraxie islamique, j'aspirais à voyager vers l'Orient comme Ibn Arabi et l'émir Abdelkader, parce que j'avais lu, sous la plume du grand islamologue Henry Corbin, que leur périple du Maghreb au Machrek, c'est-à-dire de l'Occident à l'Orient, avait quelque chose d'initiatique. Il s'agissait effectivement, pour ces maîtres soufis, de passer des ténèbres occidentales aux lumières orientales… Leur voyage géographique symbolisait ainsi leur voyage spirituel. Alors je me mis à la recherche d'un poste de professeur de philosophie du côté du Levant et je finis par en dénicher un au lycée français d'Alep, en Syrie. Je candidatai et fus présélectionné,

3. Ibn 'Arabî, *L'Interprète des désirs*, Paris, Albin Michel, 2012.

pour ma plus grande joie. Ma compagne de l'époque, Annie, était prête à partir pour la Syrie avec moi, car elle savait que cette volonté d'aller vers l'Orient correspondait chez moi à un désir sincère d'y trouver un guide spirituel soufi, un cheikh, qui pourrait me montrer la lumière et me guérir enfin de ma souffrance chronique. Aujourd'hui, de jeunes musulmans du monde entier vont en Syrie pour servir le diable incarné par Daech. Autres temps, autres mœurs. Au lieu de quêter *la lumière orientale*, ces jeunes fous foncent tête baissée dans la gueule grande ouverte de cette nouvelle bête immonde, et cela me désole profondément. Comment arrêter cette hémorragie dramatique ?

J'entrepris le voyage vers l'Orient si cher aux romantiques du XIXe siècle. Je commençai par la ville de Damas, et ma principale destination là-bas était une mosquée située au pied du mont Qassioun, où se trouvent côte à côte les tombeaux d'Ibn Arabi et de l'émir Abdelkader. Je m'y suis rendu plusieurs fois, je prenais un taxi de mon hôtel en direction du mausolée de ces maîtres dans l'espoir d'être entendu d'eux, aussi farfelu et irrationnel que cela puisse paraître. La visite des marabouts des saints est une très ancienne tradition dans le soufisme et c'est l'un des points d'achoppement avec les wahhabites saoudiens et les salafistes, qui perçoivent les prières dans ces sépulcres comme de l'« associationnisme » ou *chirk* en arabe, c'est-à-dire comme le fait d'associer un être humain à la souveraineté indivisible de Dieu. C'est pour cette raison d'ailleurs que des djihadistes et autres talibans contemporains détruisent depuis quelques années des tombeaux de grands saints soufis de l'islam (au Mali, au Pakistan, en Libye notamment) et que les wahhabites en ont eux aussi détruit, comme le mausolée de la première femme du Prophète, la célèbre Khadija. Ces fanatiques intégristes se sont même attaqués au tombeau de Mahomet, mais après une blessure grave de l'un d'entre eux au début de leur œuvre de destruction, ils y ont renoncé, car ils sont au moins superstitieux, à défaut d'avoir une foi authentique en Dieu...

Finalement, ma candidature pour le lycée français d'Alep ne fut pas retenue. Le hasard – rappelons-nous ce qu'en dit Théophile Gautier – me fit muter de Saint-Flour à Valence, dans la Drôme. Ma compagne y trouva facilement un poste d'infirmière et, un jour, elle revint de son travail avec à la main un livre intitulé *Recherches philosophiques*, d'un certain cheikh Ahmed el Alawi. J'en fus très surpris. Elle m'expliqua qu'elle avait évoqué mon intérêt pour le soufisme à une collègue, que celle-ci en avait parlé à son compagnon médecin et soufi lui-même, lequel lui demanda de me transmettre ce livre. Je n'avais jamais entendu parler du cheikh Ahmed el Alawi ; je me précipitai sur Internet pour savoir qui était cet homme et, d'un coup, tout s'éclaira. Je repensai alors avec une grande émotion à une phrase énigmatique que Bruno Étienne m'avait dite quand je lui demandai s'il n'était pas temps pour moi de rencontrer un maître soufi après ma démission du GODF : « Seule

Ma grâce est efficace[4]. » Comme je l'ai souvent dit depuis cette « rencontre » avec le cheikh Ahmed el Alawi, ce n'est pas moi qui ai trouvé la confrérie soufie Alawiyya, dont le guide spirituel contemporain n'est autre que le cheikh Khaled Bentounès, c'est elle qui est venue me trouver, me chercher chez moi. L'un des plus grands maîtres soufis de tous les temps me fut livré à domicile, en France, alors que j'étais allé jusqu'en Syrie pour trouver un guide spirituel ! Le cheikh el Alawi est considéré dans la tradition soufie comme le Pôle (*Qutb*, en arabe) de la première moitié du XXe siècle. Un Pôle spirituel de type christique de surcroît… Le médecin soufi drômois qui m'a transmis son livre, *Recherches philosophiques*, deviendra un ami. Il sera le maillon qui me permettra de rencontrer le cheikh Bentounès et de me rattacher à lui spirituellement en 2010. Quand le disciple est prêt, le maître se présente…

4. C'est-à-dire : seule la grâce de Dieu est efficace. Bruno Étienne était aussi de culture protestante, ceci explique cela…

L'ÉDUCATION D'ÉVEIL DU CHEIKH BENTOUNÈS

Par quoi commencer quand on veut parler du cheikh Bentounès et de son enseignement spirituel si riche et si profond ? Le premier livre que j'ai lu de lui est *Le Soufisme, cœur de l'islam*, préfacé par notre ami commun Christian Delorme[1]. J'ai découvert dans ce livre passionnant que la longue tradition du soufisme est effectivement le cœur de l'islam, ou son centre spirituel. Les soufis distinguent en effet l'exotérisme et l'ésotérisme. L'exotérisme, c'est le religieux apparent, extérieur, ce qui en est visible : les rituels, l'orthopraxie, les prescriptions, les interdits, ce qu'on appelle traditionnellement la charia, mais aussi les fêtes et les coutumes religieuses. Tandis que l'ésotérisme constitue le fondement de cet islam extérieur et visible, sa substantifique moelle, pour reprendre la célèbre expression de Rabelais. J'ai appris, en m'initiant au soufisme – et cela en parfaite conformité avec l'enseignement spirituel d'un certain Jésus-Christ –, que des croyants ou des religieux pouvaient n'être que dans une apparence

1. Cheikh Khaled Bentounès, Bruno et Romana Solt, *Le Soufisme, cœur de l'islam*, Paris, Albin Michel, 2014.

de spiritualité parce qu'ils se concentrent sur l'exotérisme et non pas sur une spiritualité authentique et vivante qui animerait *de l'intérieur* leur comportement, leurs actes et leurs paroles. Ce point est tout à fait fondamental. Mais en quoi consiste cet ésotérisme soufi ?

Le cheikh Bentounès aime à répéter à longueur de livres et de conférences que l'homme est d'abord et avant tout *une conscience*, et que cette conscience, ou *fitra*, a été déposée par Dieu en chaque être humain tels un trésor à découvrir ou une graine à faire pousser. Nous sommes ici au cœur de l'enseignement soufi. Le Coran parle effectivement d'un dépôt sacré en toute créature humaine, nommé *amâna*, mot qui signifie aussi « confiance » et « responsabilité », et qui est de la même famille que le mot *îmân*, qui signifie « foi ». Tout se passe donc comme si Dieu avait *confié* à chaque être humain une conscience au sens d'une responsabilité morale. Et c'est là qu'intervient la notion centrale dans le Coran de *khalîfa* (qui a donné le mot français « califat »), si pervertie aujourd'hui par les fanatiques de Daech. En réalité, être calife de Dieu sur terre, c'est surtout et avant tout honorer ce dépôt sacré qu'il y a en chacun de nous et qui n'est autre que notre conscience. Des maîtres soufis vont même jusqu'à affirmer que cette conscience déposée en chaque être humain n'est autre que Dieu Lui-même. Par conséquent, être calife de Dieu, c'est Le représenter sur terre au sens d'agir en Son Nom, toujours en Son Nom, et rien qu'en Son Nom. D'où l'importance de cette formule arabe prononcée avant chaque début d'action (un voyage, une prise de parole, un repas, un travail, etc.) : *bismillah*, qui signifie littéralement « au Nom de Dieu ». Le cœur de l'islam qu'est le soufisme, cet enseignement spirituel que l'on trouve dans le Coran quand on le lit avec sérieux et humilité, est à la fois cohérent, simple et limpide. Dieu a créé l'homme pour qu'il Le représente sur terre et pour ce faire, Il a déposé en lui Sa propre Conscience ou Son Esprit, afin que cette créature extraordinaire qu'est l'être humain (le Coran affirme que Dieu a honoré « les fils d'Adam » au-dessus de toutes les autres créatures) puisse prendre soin de Sa Création en Son Nom. On peut rapprocher cette notion islamique de responsabilité de l'homme vis-à-vis de toute la Création divine du « Principe responsabilité[2] » cher au philosophe Hans Jonas. Rien à voir donc avec la rivalité mimétique et politique qui anime le pseudo-califat d'Abou Bakr el Baghdadi, dont l'organisation criminelle n'est autre qu'une secte barbare qui sert le diable plutôt qu'Allah.

Parlons-en, de ce diable. Les versets coraniques évoquant l'ennemi du genre humain sont très intéressants. L'Adversaire de l'homme, son « ennemi évident », nous dit le Coran (*'adou moubin*, en arabe), est présenté comme une part de la Création divine qui refuse de servir l'humanité et qui veut même sa destruction. Le Coran nous décrit le diable comme une créature rebelle et orgueilleuse dont la substance fondamentale est le feu, tandis que celle de l'homme est une

2. Hans Jonas, *Le Principe responsabilité*, Paris, Flammarion, coll. « Champs essais », 2013.

argile humide. Il y aurait donc comme une *bataille des éléments* en chaque être humain : une part ignée rebelle, vaniteuse, orgueilleuse, égoïste, menteuse, et une part terrienne malléable comme l'argile du potier – rappelons-nous que les mots « humain », « humus » et « humilité » sont de la même famille latine –, seule capable de servir Dieu humblement. Nous sommes ici dans le domaine de ce que le philosophe Paul Ricœur a appelé la « métaphore vive ». Car le Coran est éminemment métaphorique et les versets prescriptifs y sont minoritaires par rapport à ceux, très nombreux, qui véhiculent un enseignement ésotérique et spirituel.

Or l'exotérisme de l'islam et sa cohorte de fondamentalistes, d'intégristes, d'islamistes, de djihadistes, s'intéressent surtout à ces versets prescriptifs minoritaires, et leur obsession est de savoir ce qui est *harâm* et *halâl*, c'est-à-dire ce qui est interdit et permis, illicite et licite. Voilà pourquoi les sectes que sont le wahhabisme, le salafisme, les Frères musulmans, les talibans, le chiisme islamiste iranien notamment, mettent l'accent en permanence sur la dimension prescriptive de leur religion et non pas sur son ésotérisme, sa spiritualité authentique, qui constitue pourtant le cœur vivant de l'islam. Dans son dernier livre, *Thérapie de l'âme*[3], le cheikh Bentounès consacre un paragraphe entier à ce qu'il appelle « la subversion islamiste ». Je le cite : « Peut-on encore parler de foi si l'être se soumet de

3. Cheikh Khaled Bentounès, *Thérapie de l'âme*, Paris, Albin Michel, 2011.

manière aveugle à des règles et à des croyances qui lui ôtent toute capacité personnelle de jugement et de discernement ? On comprend quel intérêt il y a pour certains à favoriser le dévoiement de la foi en suscitant chez le croyant la peur de la transgression et la culpabilité. Il est toujours plus facile d'avoir de l'emprise sur une personne en l'empêchant de réfléchir par elle-même et en lui rabâchant qu'un bon croyant doit obéir à Dieu, sans quoi un châtiment terrible lui est réservé. La raison n'a plus à intervenir puisqu'il suffit de se rapporter à ce que Dieu a dit par l'entremise de la révélation coranique. [...] S'il est aussi important pour les islamistes de maintenir les gens dans une foi vidée de tout sens critique, c'est pour couper court à toute réflexion et à tout dialogue avec ceux qui vivent et pensent différemment d'eux. L'être est placé dans un tel système de croyances qu'il ne peut plus exercer son jugement sans redouter de briser un tabou ou de passer pour un mécréant aux yeux de sa communauté. Dans ce cas, pouvons-nous encore parler de foi ? » Puis le cheikh enchaîne avec un autre paragraphe intitulé « Les dérives de la croyance », qui commence ainsi : « L'islam dont parlent les islamistes relève, en réalité, de la croyance et non de la foi, au sens où la tradition la définit. Celle-ci est une énergie qui nous met dans un état de certitude intérieure quant à la réalité d'une Présence divine dans nos vies et dans la Création, sans jamais exclure la possibilité de faire l'expérience du doute. Cette énergie pénètre dans le cœur sous forme de lumière et instaure une relation de confiance entre l'être et son principe divin. En revanche, la croyance se rapporte davantage à une conviction personnelle irréfléchie résultant d'un conditionnement psychologique et culturel dont découleront toutes sortes de préjugés. La croyance et la foi ne peuvent donc pas être mises sur le même plan. Dans la croyance, l'esprit adhère à un dogme ou à des pratiques religieuses sans en comprendre le sens, seulement parce que c'est une habitude ou une coutume, alors que dans la foi, il fait librement et personnellement l'expérience de cette Présence divine qui bouleverse intérieurement tout son être. Aussi l'homme peut-il avoir toutes sortes de croyances irrationnelles sans jamais faire l'expérience d'une foi authentique. » Plus loin, le cheikh Bentounès va jusqu'à affirmer que ces islamistes de tout poil si fermés, si rigides, si dogmatiques que sont les wahhabites, les salafistes, les Frères musulmans ou les talibans souffrent d'une véritable pathologie psychologique : « Les psychiatres, les psychologues et les psychanalystes rencontrent souvent des patients ayant des comportements obsessionnels répondant à une structure mentale figée. Ceux qui s'acharnent à imposer aux autres des lois toujours plus nombreuses et compliquées, comme ceux qui ont besoin de recourir sans cesse à des règles rigides pour savoir ce qu'ils doivent faire, relèvent de cette pathologie. Ils ne sont plus aptes à décider par eux-mêmes, il leur faut un support légal, des béquilles dans tout ce qu'ils entreprennent, y compris dans les choses les plus futiles de la vie quotidienne. Ils s'interrogent sans cesse sur ce qui est autorisé *(halâl)* ou interdit *(harâm)* par la religion musulmane. » Or, ajoute le cheikh : « La religion n'a pas pour fonction de légiférer sur tous les aspects de la vie publique et privée. Ce comportement n'est pas propre à l'islam, on le retrouve sous des modalités différentes dans les autres religions ainsi que dans les sociétés humaines lorsqu'elles se laissent gagner par le juridisme et l'esprit procédurier. » Cette dernière phrase du cheikh Bentounès rappelle le comportement de l'UOIF et de la Mosquée de Paris en 2006, lorsqu'elles ont attaqué en justice *Charlie Hebdo* parce que ce journal avait osé publier des caricatures de Mahomet. Malheureusement, cette pathologie psychique que pointe avec beaucoup de justesse ce guide spirituel soufi et qui touche des millions de musulmans dans le monde peut engendrer bien plus que des attaques judiciaires ou des cabales médiatiques. Nous l'avons constaté avec effarement, en janvier et en novembre 2015, dans notre propre pays.

Deux autres points me semblent fondamentaux dans l'œuvre du cheikh Bentounès, et particulièrement pour notre époque si troublée et dangereuse : le vrai sens du mot *islâm* et la notion d'*âme collective*, que l'on peut rapprocher de celle d'*inconscient collectif* dans l'œuvre de Jung.

Dans un paragraphe de *Thérapie de l'âme* intitulé « Ne pas confondre la fin et les moyens », le cheikh nous rappelle que le mot *islâm*, signifiant littéralement « soumission à la Loi divine », n'est en réalité que le premier niveau ou degré de cette religion que nous nommons communément « islam ». Les deux autres niveaux, nécessairement supérieurs à ce premier niveau légaliste et ritualiste, sont la foi, *al-îmân*, et l'excellence morale, *al-ihsân*. Qu'est-ce que cela veut dire ? Tout simplement qu'avoir foi en Dieu, c'est encore mieux que de se contenter de respecter des prescriptions religieuses sans foi, et qu'être dans l'excellence morale, c'est encore mieux que d'être guidé par une foi certes supérieure au légalisme et au ritualisme du premier niveau, mais dont la lumière peut être atténuée ou troublée par le doute. L'homme accompli (*al-Insân al-kamîl*, en arabe), qui a atteint le stade ultime de l'*ihsân*, de l'excellence morale (l'équivalent de l'*arété* aristotélicienne), ne doute plus du bien-fondé des valeurs qui l'animent et qui guident chacun de ses pas, chacun de ses mots, chacun de ses actes. Cet homme accompli est devenu un homme universel, à l'image de l'émir Abdelkader, au sens où il se situe au-delà des appartenances religieuses des uns et des autres et parce qu'il a réussi à anéantir son ego en Dieu pour devenir Son parfait représentant ou lieutenant sur terre.

On pourrait objecter à une telle conception de l'islam cette question : qu'est-ce qui différencie un homme accompli spirituellement qui n'agit plus qu'au nom de Dieu et un psychopathe djihadiste qui pense faire exactement la même chose ? « Le saint et l'assassin lisent le même livre », aime à dire le cheikh Bentounès. C'est prétendument au nom d'Allah et de Son Prophète que les fous furieux de Daech ou d'Al-Qaida massacrent depuis des années des milliers d'innocents. Mais comment Dieu, s'Il existe, pourrait-Il ordonner de telles horreurs, de tels massacres, de telles atrocités ? Les criminels de Daech et d'Al-Qaida sont plutôt animés par le diable, cette dimension ignée de l'être humain qui brûle la Vie à défaut de pouvoir la servir, tandis que l'homme accompli spirituellement ne peut jamais porter atteinte à cette Vie qui lui donne vie, à ce don sacré de Dieu. Le Vivant, *Al-Hayy* en arabe, est le nom d'Allah le plus essentiel dans la tradition islamique, selon le cheikh Bentounès, qui cite Ibn Arabi dans *Thérapie de l'âme* pour étayer son propos : « Le degré du Vivant est le plus immense de tous les attributs divins, puisqu'Il est la condition préalable de l'existence de tous les autres attributs. » Les pages que le cheikh consacre au Vivant dans ce livre sont d'une grande profondeur spirituelle. L'homme qui a atteint le stade de l'excellence morale, *al-ihsân*, vit exclusivement *au service* du Vivant, *pour* le Vivant et *par* le Vivant. Tandis qu'un terroriste islamiste criminel se met au service de la mort et de la destruction, c'est-à-dire, en langage religieux, au service du diable.

Il y a une autre notion, dans *Thérapie de l'âme*, avec laquelle je veux terminer ce chapitre consacré à l'enseignement que j'ai reçu : l'âme collective, ou *al-nafs al-kulliyya* en arabe, très proche de celle d'inconscient collectif chez Jung. L'idée du cheikh est de prendre conscience avec honnêteté de l'état dans lequel se trouve l'âme collective des musulmans à notre époque, car c'est sans doute cet état qui provoque les dérives actuelles à l'origine de tant de drames et de crimes contre l'humanité. Pour ce faire, il la compare à l'âme collective chrétienne du Moyen Âge et à l'âme collective allemande pendant la Seconde Guerre mondiale, qui ont généré les massacres et les atrocités que l'on sait : croisades, guerres de religion, Inquisition,

Shoah… En effet, aucune religion ni aucune nation n'a le monopole de la barbarie ou de la civilisation sur le plan historique. Mais il existe des cycles, et depuis quelques décennies, il faut bien reconnaître que c'est l'âme collective islamique qui génère toujours plus de troubles. « Est-il possible de parler de l'islam aujourd'hui comme d'un bien-être pour l'humanité alors qu'il se vit souvent sous un tout autre rapport ? Soyons raisonnables : qui l'accepterait ? » questionne avec justesse le cheikh Bentounès. Il nous faut alors reconnaître avec lucidité et courage que l'âme collective islamique se trouve aujourd'hui dans un piètre état et que c'est cette « maladie de l'islam », pour reprendre une formule du regretté Abdelwahab Meddeb, qui provoque tant de métastases dans le grand corps malade d'une oumma plus imaginaire que réelle. N'est-ce pas d'ailleurs à cause de cet imaginaire au sens lacanien du terme que l'islam va si mal aujourd'hui ? Un imaginaire que le symbolique n'arrive pas ou plus à *symboliser* précisément. Pierre Solié, ce grand psychanalyste jungien que nous devrions lire ou relire aujourd'hui, parlait quant à lui d'un imaginaire pulsionnel à la source de toute barbarie individuelle ou collective[4], qu'il s'agit de faire advenir au stade du symbole afin de l'humaniser, de le spiritualiser. J'ai déjà parlé dans ce livre du défaut de symbolisation des musulmans, qui est l'une des causes, à mon sens, de la maladie de l'islam que nous connaissons aujourd'hui. Tant que chaque

4. Pierre Solié, *Le Sacrifice. Fondateur de civilisation et d'individuation*, Paris, Albin Michel, 1988.

musulman n'aura pas compris que son principal et véritable ennemi n'est autre que lui-même, alors la pulsion paranoïaque l'emportera sur la symbolisation vertueuse. Le musulman pris par cette pulsion a besoin d'ennemis pour étayer son identité de membre d'une oumma qui n'existe que dans ses rêves : les juifs, les Israéliens, les femmes (et surtout celles qui sont jugées trop libres), les Occidentaux, les dessinateurs de *Charlie Hebdo* et autres ennemis de l'islam tout aussi fantasmatiques. Cette paranoïa dramatique maintient le musulman qui en est victime dans une position infantile par rapport à la complexité du réel, qu'il ne réussit pas à comprendre et à symboliser via la parole. C'est pourquoi je vais jusqu'à penser que les musulmans devraient renoncer à la notion même d'oumma afin d'accéder à la seule citoyenneté qui compte en ces temps apocalyptiques que nous vivons : la citoyenneté du monde.

LES MOINES DE TIBHIRINE

Avant de terminer ce livre avec l'affaire du lycée Averroès qui en a déclenché l'écriture et quelques réflexions critiques sur l'islam, je me dois de parler d'une synchronicité très marquante que j'ai vécue en rapport avec les moines de Tibhirine. Ces sept moines cisterciens ont été assassinés et décapités au printemps 1996, pendant la terrible décennie noire qui a ensanglanté l'Algérie. Nul ne sait à ce jour avec certitude qui a commis ce crime contre ces hommes de Dieu qui avaient le seul tort d'être chrétiens en terre musulmane et de vouloir y rester malgré la fatwa qui appelait à leur meurtre. Au départ de cette affaire abominable, tout le monde croyait que le coupable était le Groupe islamique armé (GIA), dirigé par Djamel Zitouni. J'ai souffert de voir à l'époque, dans les journaux français, mon propre nom sali par la barbarie islamiste, alors que *zitouni* signifie « olivier » en arabe, un arbre habituellement associé à la sagesse et à la paix. Mais rapidement, des langues se sont déliées, et l'armée algérienne fut elle aussi désignée comme une coupable potentielle. Au moment où j'écris ces lignes, Dieu seul sait qui a vraiment assassiné les moines de Tibhirine, mais il y a une certitude absolue quant au meurtre barbare de ces agneaux de Dieu : c'est la violence et la folie humaines qui les ont tués.

C'est au cours des années 2009 et 2010 que j'ai vécu la synchronicité en rapport avec ces moines atypiques. À la même période où la confrérie soufie Alawiyya venait frapper à ma porte par l'intermédiaire d'un médecin drômois disciple du cheikh Bentounès, une collègue professeure de mathématiques, et théologienne catholique à ses heures, m'invita à travailler au sein d'un groupe de chrétiens sur les textes laissés par les moines de Tibhirine. Bien sûr, j'acceptai avec joie cette proposition qui m'honorait. Cette collègue, qui deviendra une amie, m'emmena à l'Institut des sciences et théologie des religions (ISTR) à Marseille pour rejoindre ce groupe de travail composé de prêtres, d'une sœur cistercienne et d'un moine spécialiste du frère Luc, le médecin du monastère de Tibhirine. J'étais heureux de dialoguer et de travailler avec ces chrétiens animés par le désir sincère de faire découvrir au grand public la spiritualité exceptionnelle des moines martyrs. De fil en aiguille, le groupe me demanda d'écrire un texte sur le célèbre testament spirituel de Christian de Chergé, le prieur du monastère. J'acceptai cette tâche avec enthousiasme, mais il n'eut pas l'heur de plaire à ses commanditaires, car ils ne le publièrent jamais, contrairement à ce qu'ils m'avaient annoncé. Avec le recul, je pense que ce texte, que j'ai intitulé « Une lecture musulmane du testament spirituel de

Christian de Chergé[1] », les a quelque peu bousculés dans leurs certitudes chrétiennes. C'est finalement un site Internet musulman, oumma.com, qui le publiera au moment de la sortie du très beau film de Xavier Beauvois consacré aux moines de Tibhirine, *Des hommes et des dieux.* Je n'en ai pas voulu à ces catholiques d'avoir été rebutés par mon texte. Je crois qu'ils ont surtout reculé devant le vrai message des moines martyrs, et cela était plutôt bon signe pour moi. Le reniement de Pierre est toujours d'actualité au sein de la communauté chrétienne, malheureusement.

La même année, je me rendis à Mostaganem, en Algérie, afin d'assister à la célébration du centenaire de la Tariqa[2] Alawiyya. Tandis que je me promenais dans les jardins merveilleux de cette confrérie, je rencontrai par hasard – rappelons-nous de nouveau ce que Théophile Gautier a dit du hasard – des soufis de Médéa qui avaient très bien connu les moines de Tibhirine. C'est le cheikh Khaled Bentounès lui-même qui avait invité ces disciples à entrer en contact avec cette communauté cistercienne en 1979. Cette rencontre fructueuse enfanta un *ribat al-salam* (« lien de paix », en arabe) qui permit à des chrétiens d'Algérie d'échanger et de prier avec des Algériens de confession musulmane. Il y a dans ce *ribat al-salam* tout l'esprit de la confrérie soufie Alawiyya : entrer en dialogue

1. Voir annexe 3.
2. Dans le soufisme, Tariqa signifie littéralement « voie initiatique », et par extension, « confrérie soufie ».

avec les autres spiritualités comme le christianisme, le bouddhisme, le judaïsme, afin d'aider l'humanité à se réconcilier avec elle-même. Mais Ahmed el Alawi, le fondateur de cette confrérie, est allé encore plus loin en dialoguant avec son médecin français communiste et athée. La preuve d'une ouverture d'esprit exceptionnelle pour un musulman du début du XXe siècle. Le cheikh Ahmed el Alawi est même allé jusqu'à dire à ce médecin profondément humaniste qu'il était bien plus proche de Dieu qu'il ne le croyait[3]... J'aime ce soufisme qui ouvre à l'universel, qui invite à dépasser les appartenances religieuses des uns et des autres afin de parvenir, ensemble, à l'essentiel, au centre vivant de notre humanité commune. C'est ce que la confrérie Alawiyya m'a apporté, en complément, pourrais-je dire, de mon initiation maçonnique et de ma psychanalyse jungienne. C'est pourquoi aujourd'hui je peux être libre de toute confession religieuse particulière, car je crois avoir gardé l'essentiel de l'islam : sa spiritualité vivante. La coquille exotérique sert à protéger son amande ésotérique jusqu'à ce que celle-ci puisse remplir son office : donner naissance à un bel amandier. Idem pour le cocon dont le papillon doit se libérer un jour afin de pouvoir déployer librement ses ailes et ajouter ses propres couleurs au vaste tableau du monde. Combien de croyants de toutes confessions préfèrent le confort de la coquille

3. *Cf.* Johan Cartigny, *Cheikh Al Alawi. Documents et témoignages*, Drancy, Éditions Les Amis de l'Islam, 1984. Lire tout particulièrement le récit très émouvant du Dr Carret, médecin personnel du cheikh à la fin de sa vie.

ou du cocon à l'inconfort d'en sortir ? Je suis convaincu aujourd'hui que la liberté spirituelle fait peur à beaucoup de croyants, d'où leur fixation infantile à leur religion d'origine, qu'on pourrait comparer à ce que la psychanalyse appelle une fixation à la mère. C'est pour cette raison que j'en ai définitivement terminé avec l'oumma : il faut, un jour ou l'autre, que Jonas sorte du ventre de la baleine pour accomplir sa destinée.

Je veux maintenant revenir sur le sens profond de la synchronicité. Pourquoi le hasard m'a-t-il orienté de manière insistante vers ces moines si atypiques ? J'ai fait deux reportages sur eux en Algérie pour une radio chrétienne, et c'est avec beaucoup d'émotion que j'ai retrouvé quelques-uns de leurs pas dans les cœurs des Algériens qu'ils ont côtoyés, mais aussi dans leur monastère, leur chapelle, leurs modestes chambres, leur réfectoire, leur bibliothèque, et en me recueillant avec émotion sur leurs tombes. Le film de Xavier Beauvois nous montre merveilleusement bien ce qu'on pourrait appeler « l'expérience spirituelle de Tibhirine ». Ces moines cisterciens, habitués à prier et à dialoguer depuis des années avec des musulmans, vont aller jusqu'au sacrifice suprême de leur vie par amour pour Dieu et l'Algérie. Voici ce que j'ai écrit à propos de ce sacrifice, en 2009, dans mon texte sur le testament spirituel de Christian de Chergé : « L'ordre n'est évidemment pas anodin : donner sa vie à Dieu avant toute autre chose, cela est valable pour tout croyant sincère, et donner sa vie à l'Algérie est propre à Christian de Chergé, à son individuation particulière. Il affirme dans cette première phrase de son testament spirituel sa foi en l'Algérie, indissociable de sa foi en Dieu. Il a foi en l'autre et son autre terrestre du moment est son hôte, le peuple algérien, la terre d'Algérie et l'islam, un corps et une âme, comme il le dira plus loin dans le texte. » Ce double sacrifice nous montre le sens profond de l'expérience de Tibhirine : ces moines cisterciens, ces agneaux de Dieu ont aussi donné leur vie pour que la France et l'Algérie pansent enfin leurs blessures respectives et se construisent un avenir commun, car cette paix des braves pourrait bien avoir une incidence considérable sur notre histoire. Je crois que le secret du sacrifice des moines de Tibhirine est le suivant : la France, de culture chrétienne, et l'Algérie, de culture musulmane, doivent donner au monde entier l'exemple d'une fraternité féconde pour l'humanité. Et si nous observons bien une carte du monde, ces deux pays constituent un véritable carrefour entre l'Orient, l'Occident, le Sud et le Nord. Au XIXe siècle, l'émir Abdelkader avait déjà eu l'intuition de cette vérité à la fois spirituelle et géographique. Ce n'est pas pour rien s'il est devenu l'ami de Napoléon III et des Français après avoir été leur pire ennemi pendant une quinzaine d'années. Ce grand homme, ce maître soufi et franc-maçon, avait déjà compris en son temps que l'avenir de notre humanité commune pouvait se jouer aussi dans cette possible rencontre des quatre points cardinaux en l'isthme qui réunit la France et l'Algérie. Ce que j'écris là peut paraître délirant mais je l'assume. Je crois sincèrement que s'il y avait assez de femmes et d'hommes de bonne volonté des deux côtés de la

Méditerranée pour œuvrer dans le sens de cette paix entre les deux vieux ennemis – à condition que ce soit une paix doublée d'une vraie coopération –, alors il pourrait ressortir de cet effort un grand bienfait pour le monde. C'est certes une utopie au sens littéral du mot, mais comme je le dis souvent à mes élèves : l'utopie d'aujourd'hui peut devenir la réalité de demain. Il suffit d'y croire et de se mettre au travail. En tout cas, les moines de Tibhirine sont morts pour ce beau rêve, et nous ne pouvons ignorer plus longtemps le vrai sens de ce sacrifice authentiquement christique.

UN LYCÉE QUI N'AVAIT D'AVERROÈS QUE LE NOM

L'élément qui a déclenché l'écriture de ce livre est ma démission très médiatisée du lycée Averroès de Lille. Avant d'entrer dans le détail de cette affaire qui m'a fortement éprouvé, je vais parler d'amour. J'ai quitté la Drôme pour le département du Nord par amour, et non pour travailler dans le premier lycée musulman sous contrat avec l'État français en métropole. Je cohabitais avec mon ex-compagne, avec laquelle je n'étais plus en couple, dans notre grand appartement au centre-ville de Valence, le temps de le rafraîchir et de le vendre. Nos deux filles étant parties pour Lyon afin de suivre des études supérieures, nous avons décidé de louer des chambres libres à des étudiantes. Parmi celles-ci, il y avait une jeune femme très sympathique originaire de Picardie, qui eut la très bonne idée d'inviter sa meilleure amie nordiste : ma future nouvelle compagne ! Je me plais à dire à des amis que j'ai rencontré le deuxième grand amour de ma vie dans ma cuisine. Depuis Héraclite, on sait qu'il y a des dieux aussi dans la cuisine, dont Éros… Ma deuxième compagne m'a donc été « livrée à domicile », si j'ose dire, exactement comme un certain livre du cheikh Ahmed el Alawi qui devait me guider vers le cheikh Bentounès.

Ce lien que j'établis entre ces deux événements si différents peut surprendre, mais j'y vois l'œuvre de l'amour et de ma foi en Dieu, qui ne font qu'un à mon sens. Après cette belle rencontre avec la nouvelle femme de ma vie, je décidai de la rejoindre le plus rapidement possible et fis les démarches nécessaires pour être muté dans le Nord. Et ce n'est qu'à ce moment-là que j'ai découvert avec surprise le nom du lycée Averroès dans la liste des postes vacants… de l'enseignement catholique ! Me revinrent alors les mots élogieux de mon père à propos de ce grand philosophe que fut Ibn Ruchd, le nom arabe d'Averroès avant sa latinisation par l'Europe chrétienne du Moyen Âge. C'est pourquoi je n'ai pas beaucoup hésité avant de poser ma candidature pour ce poste et je me suis même dit que c'était peut-être un beau clin d'œil du destin. Pourtant, je reçus assez rapidement une première alerte d'une amie soufie, aumônière dans un hôpital de Marseille. Elle me confia qu'elle vivait un conflit très dur avec des membres de l'Union des organisations islamiques de France (UOIF), à laquelle le lycée Averroès était inféodé. Je ne pris pas au sérieux cette première alarme. J'aurais dû.

Un autre fait troublant aurait pu m'inquiéter également, mais je me faisais une telle joie de travailler pour un lycée qui portait le nom du grand philosophe que je ne fus pas plus attentif à ce second avertissement. Quand je me rendis à mon premier entretien avec le directeur de l'établissement, M. Oufker, je fus très surpris d'être accueilli aussi par M. Soussan, un inspecteur académique à la retraite reconverti en conseiller pédagogique officiel du lycée Averroès. Mais il était aussi accessoirement conseiller municipal de droite à la mairie de Lille, comme je le découvrirai après cette première rencontre... C'est cette sorte de *spin doctor* de la direction du lycée qui supervisa l'entretien. Au moment de cette entrevue avec ces deux responsables du lycée Averroès (M. Soussan étant bien plus qu'un *spin doctor* en réalité), je ne savais encore rien des magouilles politiciennes à visée électoraliste qui ont généré un « mariage » très improbable entre l'UOIF et la droite dans le département du Nord. Mais après ma démission, un correspondant du journal *Le Monde* m'expliquera au téléphone qu'il y a dans le Nord une véritable stratégie machiavélique de la droite vis-à-vis de l'électorat musulman et de l'UOIF, ce qui lui a probablement permis de remporter les dernières élections municipales dans des bastions de la gauche comme Roubaix et Tourcoing, et plus récemment les élections départementales. Les chefs d'orchestre de cette stratégie sont Jean-René Lecerf et Gérald Darmanin : le premier a fait du lobbying, en tant que sénateur, pour le lycée Averroès afin de lui obtenir son contrat avec l'État et davantage de subventions, et le second est devenu le Monsieur islam de l'ex-UMP parce qu'il travaille particulièrement sur ce dossier dans le Nord. Un exemple édifiant de ce « travail » : en juin 2015, afin de ménager ses électeurs musulmans, Darmanin a annulé un spectacle programmé pour la Fête de la musique à Tourcoing parce que son titre contenait le mot « boudin » ! Le correspondant du *Monde* dans le Nord m'a dit également que de jeunes musulmans de l'UOIF tractent dorénavant pour la droite à Lille-Sud (où se trouve le lycée Averroès), alors que l'électorat musulman de ce quartier populaire était traditionnellement ancré à gauche. Quand religion et politique se donnent la main, cela ne présage jamais rien de bon.

Revenons à mon premier entretien dans le bureau du directeur du lycée Averroès. M. Soussan me dit qu'avec mon CV, les chefs d'établissement catholique de la région devaient tous vouloir me recruter. Il se trompait, on ne se bousculait pas au portillon pour m'accueillir chez les cathos du Nord. Mon implication depuis des années dans le dialogue islamo-chrétien et mes reportages en Algérie sur les moines de Tibhirine pour une radio chrétienne n'eurent pas beaucoup de poids dans leur balance. Mes deux hôtes me signifièrent leur enthousiasme de me recruter dans leur lycée musulman, où l'on préconisait « l'islam du milieu », dixit M. Soussan ! Leur discours était lisse, sans fioritures, comme s'ils me récitaient un catéchisme appris par cœur. Mais que faisait cet homme politique de droite dans ce premier lycée musulman sous contrat avec l'État en métropole ? Quel était son intérêt véritable derrière son rôle officiel de conseiller pédagogique ? Ce n'est qu'après ma démission de ce lycée que je comprendrai l'enjeu réel qui se cachait derrière la présence incongrue de cet homme politique dans la belle vitrine en trompe l'œil de l'UOIF.

Malgré les deux avertissements évoqués, je rejoignis l'équipe pédagogique du lycée Averroès avec l'espoir sincère de contribuer humblement à cette œuvre très belle sur le papier. Mais les alertes allaient se multiplier crescendo jusqu'à l'acmé de ma démission.

Ma première grosse surprise intra-muros fut de découvrir que la bibliothèque du lycée ne contenait aucun livre d'Averroès, ni sur Averroès, mais en revanche quelques-uns des frères Ramadan. Il me faut pointer ici l'énorme contradiction qui m'a sauté aux yeux à l'époque : ces deux prédicateurs sulfureux, descendants du fondateur de la secte islamiste des Frères musulmans en Égypte, Hassan el-Banna, sont des maîtres du double langage et des adeptes de la paranoïa complotiste. Or le philosophe Averroès affirmait qu'il ne pouvait y avoir deux vérités parce que la vérité est une. C'est pourquoi j'ai d'emblée senti une odeur de soufre dans cette bibliothèque si mal lotie. Averroès lui-même aurait-il accepté de donner son nom à un lycée qui se fiche éperdument de son œuvre ? C'est vraiment à partir de ce premier constat que je commençai à comprendre à qui j'avais réellement affaire. Tariq et Hani Ramadan sont vénérés au sein de l'UOIF, et particulièrement par de jeunes musulmans très sensibles à leurs discours complotistes. Je vais donner deux exemples de cette paranoïa très perverse à laquelle j'ai été confronté pendant certains de mes cours au lycée Averroès.

Dans le journal suisse *La Tribune de Genève* daté du 25 août 2015, Hani Ramadan a remis en question l'héroïsme des personnes qui avaient neutralisé un terroriste prêt à faire un carnage dans un Thalys Amsterdam-Paris quelques jours auparavant. Pourquoi ? Parce que cet homme, qui se prétend savant et musulman, considère que la principale victime dans le monde est la communauté musulmane et que les Américains qui ont immobilisé le terroriste marocain dans ce train sont des suppôts du grand Satan occidental. Je le cite : « On trompe l'opinion publique en donnant à des actes isolés des proportions gigantesques et des interprétations précipitées, voire erronées. En contrepartie, on nous cache des crimes odieux, qui se comptent par centaines de milliers, comme s'ils ne se produisaient pas en temps réel ! » L'affaire est donc entendue pour Hani Ramadan : les vraies victimes sont les pauvres musulmans syriens, palestiniens ou égyptiens, et les médias occidentaux, des manipulateurs au service d'intérêts géopolitiques et économiques de l'Occident. Même son de minaret chez son frère Tariq. Dans une émission de la chaîne qatarie Al Jazeera, au lendemain de l'attaque contre *Charlie Hebdo*, voici ce que cet adepte du complotisme osait affirmer : « Il y a beaucoup de questions qu'il faut encore poser. Par exemple, ce qui est arrivé le 11 Septembre, ce qui est arrivé à Madrid, ce qui est arrivé à Londres, ce qui arrive maintenant en France… On a entendu hier qu'ils [les frères Kouachi] ont oublié leur carte d'identité dans la voiture, deux cartes d'identité… d'un côté tant de sophistication, de l'autre tant de stupidité… Nous devons demander qui sont ces gens, nous devons demander comment ils ont été en capacité de faire cela. [...] Nous devons creuser, aller plus profond, nous devons demander quelles sont leurs connexions, quel est le rôle des services secrets dans toute cette affaire, où sont-ils, comment cela a-t-il pu se passer de cette manière. [...] Nous devons condamner, mais nous ne devons pas être naïfs[1]. » Sans commentaire.

J'ai quitté mon dernier cours au lycée Averroès à la fin du mois de janvier 2015 après l'incident suivant. Une élève de terminale, lectrice et fan de Tariq Ramadan, qui m'avait déjà dit lors d'un cours précédent qu'elle irait bien donner un coup de main humanitaire aux barbares de Daech, me soutint droit dans les yeux que les frères Kouachi, qui venaient d'assassiner froidement douze personnes, n'étaient pas aussi fous ni ses victimes aussi innocentes que je le prétendais. J'ai vu alors dans les yeux de cette élève la même folie complotiste et paranoïaque que celle qui anime les frères Ramadan. C'est ce jour-là que j'ai définitivement compris dans quel environnement idéologique très malsain baignait le lycée Averroès. Il y avait eu évidemment d'autres incidents avant ma démission, mais les mots délirants de cette élève ont été la goutte d'eau qui a fait déborder le vase. Le lecteur trouvera en annexe ma tribune publiée le 6 février 2015 par *Libération*, intitulée « Pourquoi j'ai démissionné du lycée Averroès », et pourra ainsi se faire une idée plus précise de ce que j'ai enduré pendant mes cinq mois

1. Cité par le site suisse d'information Le Temps, le 17 janvier 2015.

de présence dans cet établissement. Ici, je veux mettre l'accent sur la situation paradoxale d'un établissement musulman à la fois sous contrat avec l'État français et inféodé à l'UOIF, cette organisation nourrie idéologiquement par la secte islamiste des Frères musulmans.

Comment apprendre aux élèves de ce lycée l'autonomie du jugement, le sens critique, le recul réflexif, si les adultes qui les encadrent et les orientent sont eux-mêmes incapables de le faire ? Je vais prendre l'exemple frappant des prêches dans la mosquée du lycée les vendredis après-midi. Cette mosquée, sise au cœur de l'établissement, est un véritable moulin à imams. Mais qui sont ces hommes qui prêchent chacun à leur tour devant des élèves allant de la sixième à la terminale ? De quel courant de l'islam s'inspirent-ils ? J'ai assisté à quelques-uns de leurs sermons pour me faire ma propre idée et j'ai constaté ces deux choses : le voilement des femmes et la cause palestinienne sont les deux mamelles de l'islam transmis aux élèves du lycée Averroès. Les imams qui y prêchent insistent auprès des jeunes filles sur l'obligation religieuse pour elles de se voiler, et mettent souvent en avant la cause palestinienne tel un étendard identitaire et politique, alors que sur le papier ou dans les médias, la direction du lycée Averroès claironne que le voile n'est pas obligatoire dans son établissement et que l'islam qui y est transmis n'a rien de politique. Foutaises ! La vérité, c'est que tout comme les frères Ramadan, les responsables de ce premier lycée musulman de France maîtrisent parfaitement l'art du double langage. Ce double visage hypocrite, et dans une certaine mesure inconscient (car l'hypocrisie peut être inconsciente, aussi étonnant que cela puisse paraître), est une véritable marque de fabrique des Frères musulmans.

Je voudrais également parler de l'inculture sidérante des membres de l'UOIF, qui ont pourtant le projet d'éduquer la jeunesse musulmane de France. Un jour que je citai à l'adresse du directeur du lycée Averroès cette parole évangélique très célèbre : « Les derniers seront les premiers et les premiers seront les derniers », celui-ci me rétorqua : « Ah ! Je connais cette chanson de Céline Dion ! » J'ai cru m'étouffer, mais par courtoisie je ne fis pas de commentaire. Le deuxième exemple qui me vient à l'esprit concerne les deux professeurs d'éthique musulmane du lycée, une femme voilée d'origine tunisienne et un jeune prédicateur très actif au sein de l'UOIF et fervent admirateur de Hassan el-Banna. J'étais en salle des professeurs en train de discuter avec un collègue des dernières recherches scientifiques sur l'histoire complexe de la compilation du Coran, quand ces deux professeurs très zélés s'immiscèrent dans notre conversation en nous récitant un catéchisme sidérant. Pour ces sectateurs de l'UOIF, le Coran tel que nous le connaissons aujourd'hui aurait été révélé tel quel au prophète Mahomet par l'ange Gabriel et puis c'est tout ! J'entends encore le ton péremptoire et orgueilleux de la professeure voilée, celle-là même qui priait à côté de la machine à café pendant les temps de pause[2]. Comment

2. *Cf.* « Pourquoi j'ai démissionné du lycée Averroès », en annexe.

était-il possible que ces deux adultes censés tenir un langage de vérité à leurs élèves soient aussi dogmatiques et fermés quant à cette question si importante de l'histoire de la compilation du Coran ? Mais le pompon de l'ignorance revient sans doute à l'un des directeurs adjoints du lycée Averroès et actuel président de la Fédération nationale de l'enseignement privé musulman (FNEM), M. Makhlouf Mamèche. Dans la pseudo-enquête très complaisante du site Mediapart sur le lycée Averroès après ma démission (un site créé par Edwy Plenel, cet ami de Tariq Ramadan...), j'ai lu ces mots de M. Mamèche à propos du soufisme, dignes du pire des béotiens : « [C'est] une pratique un peu bizarre de l'islam. Les derviches tourneurs sont une invention. Je ne crois pas qu'il y ait eu des compagnons tourneurs autour du Prophète[3]. » Comment un homme qui se dit musulman peut-il ignorer à ce point le génie spirituel du grand maître soufi Djalâl od-Dîn Rûmî, le fondateur de l'ordre Mevlevi, pourtant célèbre dans le monde entier ? Comment ne pas connaître, en tant que musulman, la profondeur spirituelle, la subtilité et la beauté de la danse éminemment symbolique de ces mystiques de l'islam que sont les derviches tourneurs ? Rûmî est l'un des poètes les plus lus dans le monde. Son œuvre immense, dont le monument de la spiritualité universelle qu'est le *Mathnawi*, est traduite en de nombreuses langues dans le monde entier. Quand,

3. « Le lycée musulman Averroès, un symbole au cœur de la polémique » par Lucie Delaporte, article publié le 16 février 2015 sur le site Mediapart.

dans plusieurs siècles, plus personne ne parlera des gourous des Frères musulmans si chers à M. Mamèche et consorts, tels Youssef al-Qaradawi et les frères Ramadan, des millions d'êtres humains liront encore Djalâl od-Dîn Rûmî et son œuvre géniale et magistrale. Mais les cadres de l'UOIF que j'ai cités ne sont pas intéressés par la spiritualité authentique, car leur principal souci est de gagner du terrain, de grappiller toujours plus de pouvoir au sein de la société française et d'accroître leur emprise idéologique sur les musulmans de France. Et cela pour une raison très simple à comprendre : ces personnes sont animées par une conception politique de leur religion et n'ont donc que faire des trésors spirituels du soufisme.

Outre l'inculture des affidés de l'UOIF qui gèrent le lycée Averroès, il y a une autre caractéristique majeure de cette organisation islamiste qui a la prétention d'avoir le leadership sur l'islam de France : le culte et l'instrumentalisation de l'image. C'est une sorte d'idolâtrie inconsciente qui fait du paraître, de l'apparence, un substitut de l'être. Car, pour l'UOIF et les Frères musulmans en général, l'image est une véritable arme de guerre, un levier puissant leur permettant de gagner toujours plus de terrain au sein des communautés et des sociétés qu'ils cherchent à conquérir. J'ai en mémoire trois exemples plus ou moins édifiants de l'importance de l'image pour les « frères ». Un jour, lors d'un prêche de la prière du vendredi au lycée Averroès, un jeune imam euphorique expliqua aux élèves qu'il fallait bien se comporter dans les transports en commun « *pour donner une bonne image de l'islam* ». Ce n'était pas la première fois que j'entendais ce discours prescriptif très problématique d'un point de vue éthique : comportez-vous bien en public pour donner une bonne image de votre religion aux non-musulmans... À la fin de la prière de ce vendredi, j'allai voir le jeune imam en question et lui fit remarquer que la différence entre l'être et le paraître méritait d'être expliquée à nos élèves et que l'éthique était de l'ordre de l'être plutôt que du paraître. Il me répondit « inch Allah ! » avec un sourire mielleux, sans prendre au sérieux ma remarque. Je compris alors que cet imam estampillé UOIF n'était pas là pour philosopher avec les élèves du lycée Averroès, les inciter à réfléchir, mais plutôt pour leur transmettre une doctrine bien rôdée. Et au cœur de cette doctrine, il y a cette idée pernicieuse si caractéristique de l'islamisme : *l'islam est un étendard à défendre et à promouvoir.*

Le deuxième exemple est une « rencontre » entre les lycéens et un jeune rabbin, orchestrée par M. Soussan. Ce pauvre rabbin totalement instrumentalisé n'était autre qu'un neveu de M. Soussan, qui l'avait fait venir de Cagnes-sur-Mer par avion. L'instigateur de cette pseudo-rencontre me nomma modérateur du « débat » entre son neveu et un professeur d'éthique islamique du lycée, sans même me demander mon avis ! J'acceptai cette figure imposée pour ne froisser personne, en me doutant bien qu'il s'agissait en réalité d'une opération de communication. Il fallait montrer au public extérieur au lycée et aux médias que l'établissement musulman n'avait rien d'antisémite. Je fus convoqué dans le bureau de M. Mamèche pour préparer cette

« rencontre » improbable, en compagnie de M. Soussan et du jeune professeur d'éthique islamique déjà mentionné, pur produit de l'UOIF et ouvertement pro-Hamas. Il se passa alors quelque chose de proprement sidérant pour moi. J'introduisis la discussion avec cette remarque liminaire : « Nous sommes bien d'accord qu'il n'y a pas de religion supérieure à l'autre ? Il faut que nous accordions nos violons sur ce point très important à mes yeux pour qu'il n'y ait pas de malentendus avec nos élèves. » Le jeune professeur d'éthique islamique passa alors du sourire poli à un visage fermé et grave, à l'image de son dogmatisme, et m'asséna sans rire : « On ne peut demander à nos élèves d'aller contre leur conviction intime que leur religion est la meilleure. » Je n'en crus pas mes oreilles. M. Mamèche renchérit, sans aucun filtre diplomatique : « Oui, c'est écrit dans le Coran que l'islam est la meilleure des religions ! » J'ai cru tomber de ma chaise. Je me tournai alors vers M. Soussan, de confession juive, curieux d'entendre sa réaction à de telles énormités. Il sourit, apparemment amusé de notre profond désaccord théologique, puis se contenta de dire : « C'est intéressant… » L'affaire était donc entendue de manière tacite pour mes trois interlocuteurs, on ne faisait pas venir un rabbin pour une vraie rencontre interreligieuse, mais pour montrer dans la belle vitrine en trompe l'œil du lycée Averroès qu'il n'y avait pas une once d'antisémitisme dans ses murs. Chacun resterait convaincu que sa religion était meilleure que celle de l'autre, et cela n'était pas un problème puisque la finalité de l'opération était de soigner une image, et non pas de trouver des convergences théologiques entre judaïsme et islam. L'art de mettre la poussière sous le tapis. Car de la poussière antisémite, il y en avait beaucoup au lycée Averroès, à commencer par l'antisémitisme viscéral de nombreux élèves. Alors, pour devancer leurs questions gênantes ou agressives le jour J à l'adresse du rabbin instrumentalisé, des membres de la direction, accompagnés de M. Soussan, passèrent dans les classes pour leur interdire strictement de parler du conflit israélo-palestinien. Nombre d'élèves en furent fort marris, car leur antisionisme mâtiné d'antisémitisme ne pourrait s'exprimer librement face au rabbin. Après la pseudo-rencontre, des collègues barbus manifestèrent également leur mécontentement en salle des professeurs en parlant des méchants juifs à la troisième personne du pluriel : « *Ils* martyrisent les Palestiniens et on *les* invite à s'exprimer chez nous, etc. » Mais si les élèves ont effectivement respecté la consigne de ne pas évoquer le conflit israélo-palestinien, contraints et forcés, certains d'entre eux n'ont pu s'empêcher d'orienter la « discussion » vers la prétendue supériorité de l'islam par rapport au judaïsme, ce qui allait tout à fait dans le sens de leurs éducateurs, hormis le « modérateur » de cette mascarade que je fus bien malgré moi. Le jeune rabbin, de tendance orthodoxe, considérait lui aussi naturellement que sa religion était la meilleure. Tout était donc en ordre. M. Oufker me commanda ensuite un texte de présentation de la « rencontre », qu'il publia sur le site du lycée avec une vidéo du « débat ». Je ne pouvais évidemment pas mentionner la « poussière antisémite » mise sous le tapis dans ce texte bref. Voilà comment je fus moi aussi instrumentalisé, mis au service de l'image du lycée. L'obéissance aveugle de ses membres aux directives de l'organisation est une marque de fabrique de l'UOIF et des Frères musulmans.

Le troisième exemple est de loin le plus édifiant. Et le plus écœurant. Après les attaques terroristes de janvier 2015, des lycéens ont organisé spontanément une marche citoyenne de Bordeaux à Paris. Ces vaillants et vertueux lycéens bordelais sont partis le 13 janvier de la ville de Montaigne et ont été rejoints sur leur route par d'autres élèves, dont quelques-uns du lycée Averroès. Ces derniers ont intégré la marche à Étampes, dans l'Essonne, le 22 janvier, soit deux jours seulement avant l'arrivée du groupe à Paris. J'ai assisté à un autre pseudo-débat à propos de cette participation de six élèves du lycée à cette « Marche de l'unité », le jour-même de ma démission, le mardi 21 janvier. Je voulais rencontrer M. Oufker pour lui annoncer que je quittais son établissement, que la coupe était pleine, après un dernier cours très houleux. Mais le directeur était en train de « débattre », debout dans le hall de la direction, avec une collègue qui s'opposait farouchement à l'idée d'envoyer des élèves rejoindre la marche lycéenne, car un hommage à *Charlie Hebdo* ne correspondait pas aux valeurs de l'établissement selon elle. Quand M. Oufker me reçut enfin, il me confia la teneur de ce « débat », mais pour lui c'était entendu, il fallait que des élèves rejoignent cette marche lycéenne parce que ce coup médiatique serait excellent pour l'image du lycée. Ce qui m'intrigua, c'est que parmi les élèves pressentis pour cette participation s'en trouvaient deux que je connaissais bien et dont je parlerai dans ma tribune publiée par *Libération* le 6 février 2015. L'un était un leader notoirement antisémite d'une de mes classes de terminale, et l'autre était celle qui m'avait fait sortir de mes gonds juste avant ma démission parce qu'elle avait osé prendre le parti des frères Kouachi. Comment ces deux lycéens pouvaient-ils aller se recueillir avec sincérité devant l'Hyper Cacher et l'immeuble de *Charlie Hebdo* ? Le vendredi 24 janvier, je vis chez moi, sur une chaîne d'information en continu, avec un sentiment de dégoût et de révolte, ces deux élèves « se recueillir » au côté de Patrick Pelloux sur les lieux des attentats. Cette incohérence flagrante renforça ma conviction que la direction du lycée Averroès savait très bien manipuler les médias – et les élèves ! – pour entretenir son image de lycée musulman modèle. Il me fallait alors contrebalancer cette supercherie médiatique, en me servant également des médias pour rétablir certaines vérités et donner une image plus juste de ce lycée, pas aussi exemplaire qu'il le prétendait. Ce que je fis avec ma tribune intitulée « Pourquoi j'ai démissionné du lycée Averroès ».

Il est temps d'aborder la synchronicité, évoquée dans le prologue de ce livre, en lien avec ces attentats tragiques et ma démission du lycée Averroès. Elle concerne aussi mon père. Fin décembre 2014, dans sa maison de la banlieue d'Alger, il a été victime d'un grave AVC suivi d'une hémorragie cérébrale, à l'âge de quatre-vingt-six ans. Dès que son état de santé le permit, il fut transporté par avion en France pour être hospitalisé dans une clinique privée lyonnaise, où des médecins constatèrent que son pronostic vital était engagé. Je quittai le Nord immédiatement pour me rendre à son chevet. C'était peu avant le 7 janvier. Puis vint cette journée terrible. J'eus l'information de l'attaque terroriste contre *Charlie Hebdo* par mes frères, que j'avais rejoints au rez-de-chaussée de la clinique pour un café. Que d'émotions ce jour-là, mon père était entre la vie et la mort et je découvrais avec effarement les noms des victimes des frères Kouachi : Wolinski, Cabu, Tignous, Honoré… Comment était-ce possible ? Comment en était-on arrivé là ? Pourquoi cette violence terrible contre des dessinateurs et d'autres innocents ? Une fois rentré chez moi, j'appris que Philippe Lançon, mon ex-collègue du journal *Lyon-Libération*, faisait partie des blessés graves. Une immense colère m'envahit en même temps qu'une puissante énergie pour reprendre ma plume et exprimer toutes mes émotions par le biais de l'écriture. C'est ainsi que je me mis à écrire ma tribune intitulée « Aujourd'hui, le Prophète est aussi "Charlie"[4] » qui sera publiée par le journal *Libération* le 15 janvier. Elle eut une belle audience nationale, si j'en crois les échos reçus à l'époque. Mais c'est à partir de sa parution que mes ennuis au lycée Averroès augmenteront de façon exponentielle. Le 15 janvier, M. Soussan vint

4. *Cf.* annexe 1.

m'interrompre en plein cours avec le journal *Libération* sous le bras et me dit exactement ceci : « Il est très bien ton texte, je suis d'accord avec toi sur le problème des musulmans qui manquent d'humour et de recul par rapport à leur religion, mais tu dois savoir que tu vas te faire beaucoup d'ennemis ici, et je te conseille de regarder derrière toi quand tu marcheras dans la rue. » J'étais stupéfait par de tels propos, mais le cauchemar ne faisait que commencer. Un peu plus tard, en salle des professeurs, j'ai vu les mines déconfites de certains collègues, scandalisés surtout par le titre de ma tribune. Le prof de philo du lycée Averroès avait osé associer le Prophète au nom d'un journal qu'ils haïssaient. Sacrilège ! Ma tribune, affichée en salle des professeurs par un directeur adjoint qui semblait plutôt favorable à ma réflexion, fut arrachée à plusieurs reprises. Au début j'en souris plutôt, car le dessin de Willem[5] accompagnant mon texte semblait prémonitoire : on y voyait une feuille affichée sur un mur montrant une tête en forme de smiley et, tout autour, des musulmans hystériques criant au sacrilège parce qu'ils croyaient que quelqu'un avait voulu représenter ainsi leur Prophète. Or c'est exactement la scène que j'ai vécue dans la salle des professeurs ! Une similitude pas si étonnante en réalité, car j'aurais dû me douter que ces professeurs affiliés à l'UOIF allaient réagir ainsi. Mais je suis un indécrottable naïf, et mon modèle

5. Willem est un dessinateur de grand talent qui travaille pour *Libération* et *Charlie Hebdo*. Son dessin figure en fin de volume, en annexe 1.

en naïveté est le prince Mychkine, le célèbre Idiot de Dostoïevski. À moins que ce ne soit le Don Quichotte de Cervantès…

Puis vint le tour de mes élèves de me passer à la moulinette de l'apostasie et de la traîtrise, avec ce genre de propos : « Monsieur, vous avez léché les pieds des ennemis de l'islam ! », « Vous n'auriez jamais dû dire que le Prophète est aussi "Charlie", c'est un blasphème ! » J'avais donc à nouveau le mauvais rôle au sein de cette micro-oumma musulmane qu'est le lycée Averroès, comme cela avait été le cas avec ma famille durant des décennies. Mon propre père m'ayant souhaité la mort parce que je ne pratiquais plus sa religion, j'étais aguerri. Cependant, je ressentis de plus en plus comme un dégoût profond, un ras-le-bol viscéral, une espèce de tsunami émotionnel qui semblait vouloir me purifier définitivement de ce que j'appelle désormais *la malédiction de l'apostat*. Cette saine colère explosa le jour où l'élève hystérique que j'ai déjà évoquée osa me dire que les frères Kouachi n'étaient pas aussi fous que je le prétendais, mais peut-être surtout quand elle me dit que leurs victimes n'étaient pas innocentes.

Je ne pus en entendre plus, ni en supporter plus. Des propos antisémites de mon père dans mon enfance à cette pauvre élève totalement inconsciente de la gravité de ses paroles, cela faisait trop longtemps que j'entendais ce genre d'énormités dans la bouche de soi-disant musulmans. C'est alors que je commençai à percevoir le sens de la synchronicité… Après ma démission du lycée Averroès, je compris de plus en plus clairement qu'il était temps que je quitte cette oumma pathologique et pathogène à laquelle je m'étais à nouveau mêlé dans cet établissement musulman inféodé à l'UOIF. Tout s'éclaira alors : l'AVC de mon père fin 2014, les attentats et ma démission en janvier 2015 avaient un lien évident *pour moi*. J'étais enfin mûr, à quarante-sept ans, pour *tuer le père* une bonne fois pour toutes, ainsi que cette mauvaise mère qu'était devenue la communauté musulmane. J'allais pouvoir m'extraire de cette matrice culturelle malsaine qui m'empêchait de voler de mes propres ailes depuis trop longtemps. Je compris alors, avec un immense soulagement, que mon expérience douloureuse au lycée Averroès avait été la lie d'un calice que j'avais dû boire jusqu'au bout.

QUELQUES RÉFLEXIONS DU DEHORS DE L'ISLAM

Je ne suis plus musulman pratiquant mais je reste musulman de cœur. Je crois en Allah, qui signifie « Dieu » en arabe, car Allah n'appartient pas plus aux musulmans que le Christ aux chrétiens. Je me rappelle qu'un jour, un moine cistercien de l'abbaye d'Aiguebelle, dans la Drôme, m'a refusé l'eucharistie lors d'une messe dominicale sous prétexte que je n'étais pas catholique. J'étais venu parler de l'émir Abdelkader à l'occasion d'une journée d'hommage aux moines de Tibhirine. Enthousiasmé par l'amour qui semblait régner dans l'église durant la messe, j'ai voulu communier avec ces chrétiens qui paraissaient si fraternels. Mais en réponse à ma demande de communion, un moine gardien du temple a mis sa main sur la coupe contenant les hosties sans un mot, et son visage s'est fermé d'un coup comme un rideau de fer. Qu'avait-il compris du symbolisme profond de l'eucharistie, ce pauvre moine effrayé de transgresser une règle intangible de son Église ? Pourquoi n'avais-je pas droit à ce symbole du corps du Christ ? Cette petite hostie ne symbolisait-elle pas tout simplement l'amour ? Pourquoi cet amour censé être universel et destiné à tout être humain en demande de salut m'avait-il été refusé ? Voilà bien un exemple de perversion d'un rituel qui, d'un symbole d'amour universel, devient un rite communautaire, pour ne pas dire communautariste.

Je me souviens aussi d'une anecdote que Bruno Étienne m'a racontée un jour avec son accent provençal rocailleux et sur un ton hilare. Il était allé méditer dans la célèbre mosquée Al-Aqsa de Jérusalem, troisième lieu saint de l'islam après La Mecque et Médine. Il s'était adossé à un pilier en position du lotus, mais rapidement des musulmans furieux le jetèrent dehors, parce qu'ils considéraient que c'était un grave sacrilège de pratiquer une méditation non musulmane dans ce lieu saint. Ce qui avait beaucoup fait rire Bruno, c'est qu'il fut récupéré et protégé dehors par un militaire israélien doté d'un solide accent provençal comme lui, car il venait de Marseille ! Je le dis sans forfanterie aucune, Bruno et moi sommes de la même famille spirituelle. En effet, nous avons appris en franc-maçonnerie qu'il fallait œuvrer au sein de l'humanité pour *réunir ce qui est épars*[1]. C'est un immense chantier, dont je ne verrai pas la fin de mon vivant, tout comme les tailleurs de pierres du Moyen Âge qui entreprenaient la construction d'une cathédrale ne pouvaient la voir achevée. Heureux celui qui croit sans voir.

Malheureusement, beaucoup de croyants, toutes confessions confondues, vivent leur religion « en circuit

1. « Réunir ce qui est épars » est une devise maçonnique fondamentale.

fermé ». Mon père employait une formule quand il se lassait de ses propres enfants et petits-enfants : « Chacun chez soi ! » Eh bien, c'est ce dont j'ai souvent été témoin, du côté musulman comme du côté chrétien. Mais pourquoi ne pas travailler au contraire à se trouver un chez-soi commun ? Je crois qu'au fond toute religion favorise mécaniquement le communautarisme et non pas l'universalisme. Quand je pense que le mot « catholique » vient du grec *catholon*, qui signifie « universel », je me dis que beaucoup d'ouailles du pape sont très loin du compte. Comment sortir de cette impasse communautariste dans laquelle les religions sont piégées par nature ? Je pense que la solution réside dans une sortie du religieux, pour accéder à une spiritualité vivante et authentique qui serait véritablement universelle. Sortir du religieux, cela signifie concrètement sortir du littéralisme, du ritualisme et du légalisme, qui font tant de dégâts depuis des siècles, y compris dans le bouddhisme, qu'on a l'habitude de ranger du côté des philosophies, à tort. Le religieux enferme dans un dogmatisme asséchant et abêtissant, tandis qu'une spiritualité vivante peut libérer, au contraire.

Un livre m'a beaucoup apporté dans mon cheminement personnel, c'est celui de la psychanalyste tunisienne Olfa Youssef intitulé *Le Coran au risque de la psychanalyse*[2]. Dans un paragraphe consacré à la miséricorde divine, voici ce qu'elle dit du légalisme en islam : « Les limites de l'obéissance humaine nous amènent à

2. Olfa Youssef, *Le Coran au risque de la psychanalyse*, Paris, Albin Michel, 2007.

lire autrement les notions de récompense et de châtiment. La conception commune des musulmans est que faire certaines actions, s'acquitter de certaines tâches et se comporter d'une certaine manière garantissent l'accès au paradis. Selon cette perspective, se soumettre à la Loi est la seule voie de salut, plus même : se soumettre à la Loi est gage de récompense. La Loi prend ainsi la place symbolique de Dieu, et l'homme imagine que c'est grâce à ses sacrifices continus et à sa conformité absolue aux *ahkâms*[3] qu'il a, par sa volonté seule, instauré l'image salvatrice idéale qu'il convoite. Cette image génère une sérénité illusoire et donne à l'homme l'illusion que c'est lui, le faiseur et le décideur. Paradoxalement, et tout en croyant adorer Dieu, l'homme ne se met en fait qu'à adorer sa propre image idéale. Cette démarche est fallacieuse car l'homme oublie que la Loi n'est pas un miroir et qu'il ne suffit pas de lui obéir pour être vertueux, il oublie aussi que “le refus de pécher ne fait pas entrer dans la foi. Souvent même, il renforce l'orgueil”[4] ; il oublie surtout que le salut n'est pas tributaire de la soumission à la Loi, mais de la miséricorde divine. » Ces mots d'Olfa Youssef sont d'une grande justesse à mon sens. Mais combien de musulmans dans le monde ont lu son livre ? Très peu je pense, malheureusement. Pourtant, ce sont

3. *Ahkâms :* ensemble des statuts juridiques islamiques qualifiant les actes religieux et non religieux qui comprennent l'obligatoire, l'interdit, le déconseillé, le permis et le recommandé.

4. Denis Vasse, *La Vie et les Vivants. Conversations avec Françoise Muckensturm*, Paris, Seuil, 2001, p. 84.

des personnes comme cette psychanalyste tunisienne très courageuse qui pourraient faire sortir l'islam de l'impasse mortifère dans laquelle il s'éternise. Mais les musulmans eux-mêmes désirent-ils sortir de cette impasse ? Ne s'y complaisent-ils pas ? L'islam serait-il un grand corps malade qui ne voudrait pas guérir par orgueil ? Par ignorance ? Par paresse ?

Ce sont aussi des maîtres soufis qui m'ont aidé à me libérer du ritualisme et du légalisme dans lesquels sont enferrés tant de musulmans. Pour illustrer mon propos, je vais raconter une anecdote rapportée par Eva de Vitray-Meyerovitch, une traductrice française de Rûmî, dans son livre *Islam, l'autre visage*[5]. Cela se passe au XIIIe siècle. Le fondateur de l'ordre des derviches tourneurs est en train d'écouter jouer d'un instrument avec un ami quand celui-ci entend le chant du muezzin et lui demande de quitter le concert pour aller prier. Rûmî lui répond alors avec beaucoup de sagesse que la musique qu'il écoute est aussi une prière. Pourtant, des salafistes aujourd'hui osent affirmer que Dieu a interdit la musique, qu'elle est *harâm*. J'ai même entendu des élèves du lycée Averroès proférer la même ineptie. C'est pourquoi je considère qu'à notre époque, beaucoup de musulmans sont dans une régression terrible par rapport au patrimoine spirituel de l'islam, qui est extrêmement riche. À l'ère des réseaux sociaux, dont même des organisations

5. Eva de Vitray-Meyerovitch, *Islam, l'autre visage*, Paris, Albin Michel, 1995.

terroristes se servent pour diffuser des images et des vidéos monstrueuses d'inhumanité, des millions de jeunes musulmans s'abreuvent sur Internet de bêtise dogmatique, d'ignorance pseudo-savante, et cela avec la bénédiction d'adultes immatures et irresponsables.

Avant d'évoquer quelques versets coraniques qui me semblent très problématiques, pour ne pas dire scandaleux, je veux évoquer un souvenir d'adolescence. Quand j'ai enfin pu lire le Coran traduit en français en classe de seconde, la première chose qui m'a choqué fut la mention récurrente de la pratique de l'esclavage au temps du Prophète. Bien des années plus tard, j'appris que Mahomet incita ses compagnons à affranchir leurs esclaves (ceux convertis à l'islam, il faut le préciser), ce qui me rassura. Pourtant, on sait aujourd'hui que les Arabes furent d'impitoyables esclavagistes durant des siècles, et cela sans doute parce que c'était une pratique permise par l'islam, hélas[6]. La récurrence du mot « esclave » dans le Coran m'indiqua donc de manière intuitive la prégnance d'une certaine violence dans le livre sacré des musulmans. Cette intuition fut malheureusement confortée au fur et à mesure que je découvrais certains versets du texte coranique. C'est précisément de ces versets problématiques que j'aimerais parler maintenant.

Commençons par le verset qui autorise les maris à battre leur épouse en cas de désobéissance. Le voici :

6. *Cf.* Tidiane N'Diaye, *Le Génocide voilé. Enquête historique*, Paris, Gallimard, 2008.

« Les hommes ont la charge et la direction des femmes en raison des avantages que Dieu leur a accordés sur elles, et en raison aussi des dépenses qu'ils effectuent pour assurer leur entretien. En revanche, les épouses vertueuses demeurent toujours fidèles à leurs maris pendant leur absence et préservent leur honneur, conformément à l'ordre que Dieu a prescrit. Pour celles qui se montrent insubordonnées, commencez par les exhorter, puis ignorez-les dans votre lit conjugal et, si c'est nécessaire, battez-les. Mais dès qu'elles redeviennent raisonnables, ne leur cherchez plus querelle. Dieu est le Maître Souverain. » (Sourate « Les Femmes », verset 34.) À la lecture de ce verset extrêmement choquant pour un homme du XXIe siècle, on se rend compte à quel point l'écriture du Coran fut conditionnée par un contexte socioculturel bien précis. Ce livre est né dans une société patriarcale et phallocentrique où l'homme dominait absolument la femme. Une domination socio-économique affirmée et légitimée dans ce verset de la sourate « Les Femmes » si problématique, doublée d'une domination physique et sexuelle. La femme est clairement considérée dans le Coran comme un être inférieur à l'homme, c'est pourquoi celui-ci peut la battre en cas de désobéissance. Certains traducteurs du Coran ont remplacé le verbe « battre » par le verbe « corriger », dans un souci d'euphémiser cette violence inacceptable prescrite comme un « droit de l'homme » vis-à-vis de la femme[7]. Couvrez cette violence que je

7. C'est le cas de Mohammed Chiadmi, dont la traduction me sert de référence pour ce livre. Je me suis d'ailleurs permis de la rectifier dans ma citation *(cf. supra)*.

ne saurais voir... Pourtant, le texte coranique est sans équivoque possible : c'est bien au nom d'une prétendue supériorité ontologique de l'homme par rapport à la femme qu'un mari aurait le droit de frapper son épouse en cas de désobéissance. Or mon propre père comme des millions d'autres hommes musulmans depuis quatorze siècles se sont autorisés et s'autorisent encore à battre leur femme parce qu'ils considèrent que Dieu Lui-même le permet en certains cas. Que dire de plus sur ce verset inadmissible et insupportable ? Ceci : il faut impérativement l'abroger une bonne fois pour toutes ! C'est pourquoi j'appelle de mes vœux un véritable décapage du Coran pour le débarrasser de ce genre de scories qui n'ont plus aucun sens à notre époque.

Le deuxième verset coranique extrêmement choquant auquel je pensais est celui-ci : « Au voleur et à la voleuse, coupez la main en punition de leurs forfaits. Telle est la sanction dissuasive prescrite par Dieu, et Dieu est Puissant et Sage. » (Sourate « La Table », verset 38.) Allah, merci, je n'ai pas vécu mon adolescence dans un pays où cette loi était appliquée. Sinon je n'aurais pas pu taper sur mon ordinateur le texte que je suis en train d'écrire. Ce verset est proprement insensé, délirant. Couper les mains des voleurs, c'est le degré zéro de la justice, ou c'est une justice de barbare du même niveau que celle qui autoriserait les hommes à lapider les femmes adultères. Mais nous savons très bien que certains pays musulmans rétrogrades, comme l'Arabie saoudite et l'Iran, appliquent toujours ces châtiments inhumains et totalement disproportionnés par rapport à la faute commise. Que dire de plus sur ce verset inepte d'une grande violence ? Il faut l'abroger, lui aussi, sans hésiter ! Qu'il disparaisse à jamais du texte coranique ! Pourquoi n'entendons-nous pas plus de voix dans le monde musulman pour dire la même chose haut et fort ?

Enfin, il y a les versets qui ont incité les musulmans du temps du Prophète à combattre les polythéistes et les infidèles... Le Coran contient ces incitations au meurtre parce qu'il est né dans un environnement extrêmement violent, où la vendetta faisait bien souvent office de justice. Le verset peut-être le plus emblématique de cette violence autorisée contre les « ennemis de l'islam » est celui dit de « l'épée » ; le voici : « À l'expiration des mois sacrés, tuez les polythéistes partout où vous les trouverez ! Capturez-les ! Assiégez-les ! Dressez-leur des embuscades ! S'ils se repentent, s'ils accomplissent la prière, s'ils s'acquittent de l'impôt, laissez-les en paix, car Dieu est Clément et Miséricordieux. » (Sourate « Le Repentir », verset 5.) Bien sûr, pour dédouaner le Prophète d'une violence qui pourrait paraître injuste, il est souvent avancé l'argument de la guerre défensive. Mais on sait bien aujourd'hui que les premiers musulmans et ceux des générations ultérieures n'ont pas fait que se défendre. Ils pratiquaient des razzias pour engranger des richesses et faire des captives, exactement comme le font les criminels de Daech à notre époque. D'où la nécessité urgente de purger le Coran de tous les versets incitant au meurtre et à la rapine sous couvert de djihad pour la cause d'Allah et de Son Prophète. Il est grand temps que des musulmans courageux clament haut et fort la caducité absolue de ces versets belliqueux qui n'ont plus aucun sens. Mais où sont-ils, ces musulmans courageux ? Pourquoi ne les entendons-nous pas ? Et existent-ils seulement ? Bien sûr, comme je l'ai dit précédemment, le Coran est bien plus profond spirituellement que ces quelques versets qui prescrivent une violence barbare d'un autre temps. On y lit par exemple ces perles de sagesse : « Voilà pourquoi Nous avons édicté cette Loi aux fils d'Israël : "Quiconque tue un être humain non convaincu de meurtre ou de sédition sur la Terre est considéré comme le meurtrier de l'humanité tout entière. Quiconque sauve la vie d'un seul être humain est considéré comme ayant sauvé la vie de l'humanité tout entière !" » (Sourate « La Table », verset 32.) « Point de contrainte en religion maintenant que la Vérité se distingue nettement de l'erreur. Désormais, celui qui renie les fausses divinités pour vouer sa foi au Seigneur aura saisi l'anse la plus solide, sans crainte de rupture. Dieu est Audient et Omniscient. » (Sourate « La Vache », verset 256.)

« Point de contrainte en religion. » Voilà la belle spiritualité vivante de l'islam que j'ai déjà évoquée. Donc, le Coran dit clairement que la religion ne peut être imposée par la violence, la force, l'épée, tout simplement parce que chaque croyant doit vouloir librement la guidance de Dieu et non pas sous une quelconque contrainte. Le fait que le livre sacré des musulmans contienne des versets aussi contradictoires montre surtout qu'il a été écrit par des hommes et rien que des hommes. Alors quid de la parole d'Allah dans le Coran ? Eh bien, c'est à chaque lecteur du texte coranique de sentir le parfum de l'amour divin qui peut émaner réellement, je crois, de certains versets d'une grande profondeur spirituelle. Pour cela, il faut avoir la curiosité et la patience d'entrer vraiment dans la demeure spirituelle du texte afin d'y découvrir des trésors de vérités ésotériques, inch Allah…

Dans la tradition soufie, le Coran est aussi appelé « le jardin des connaissants », *djannatu al-'arif* en arabe. Dans ce jardin, il y a sûrement de belles roses, mais ces fleurs gracieuses ne vont pas sans leurs épines. Rûmî a comparé le Coran à une jeune mariée encore couverte de son voile et qui ne montre son visage qu'à l'homme qui le mérite, c'est-à-dire à l'homme auquel elle est vraiment destinée. Mais quelle est la sagesse que le Coran est censé transmettre à chaque être humain ? Pour ma part, j'ai cru y déceler celle-ci : *Il n'y a qu'un seul Dieu créateur de toutes choses, et être véritablement humain, c'est Le servir Lui et rien d'autre.* Tout comme être un authentique franc-maçon, c'est servir le Grand Architecte de l'Univers et rien d'autre.

ÉPILOGUE

LETTRE D'ADIEU À MON PÈRE

Cher papa,

Au moment où je t'écris cette lettre d'adieu, maman a enfin réussi à te ramener dans le village de tes ancêtres, les Ouled Sidi Brahim, près de Bou Saâda. C'était ta dernière volonté de finir ta vie parmi les tiens, *les vrais tiens*, car j'ai bien compris aujourd'hui que tes enfants et tes petits-enfants pesaient moins dans la balance de ton cœur que ton pays, l'Algérie, et ta tribu d'origine. Il m'a fallu des années pour admettre cette triste et amère vérité. Mais est-elle si triste et amère ? J'ai fait le deuil de toi avant ta mort, papa. Je t'ai tué symboliquement parce qu'il le fallait, parce que c'était une question de survie pour moi. Tu m'as tant fait souffrir, Belkacem Zitouni. Je vais te rappeler trois moments de ta violence à mon égard, parce qu'ils sont très symboliques pour moi.

Voici le premier. J'étais enfant et j'ai eu l'idée d'aller rendre visite à vélo à ton père adoptif, Sil Bachir, sans doute parce que j'avais un grand besoin d'affection, celle que je ne trouvais pas chez nous. Mais tu m'as croisé en sens inverse sur la route avec ta voiture. Je me souviens de ton regard si noir, si colérique, si dangereux pour moi. Ce regard m'a signifié sans un mot qu'il fallait que je retourne immédiatement à la maison, où m'attendait sûrement une raclée. J'avais déjà fait quelques kilomètres qui m'avaient demandé un gros effort sur mon petit vélo, mais je devais rebrousser chemin parce que tu l'avais ordonné, parce que tu étais mon maître et mon Dieu. Une fois rentré à l'appartement, où tu m'as frappé telle une brute, comme à ton habitude. Qu'est-ce que j'avais fait de si mal ? Aller voir pépé, comme tes enfants appelaient ton père adoptif, était-ce si grave que ça ? C'est lui qui t'avait prédit la naissance d'un fils qui s'appellerait Younes[1] parce que le prophète Jonas lui-même était venu le lui dire dans une vision. Et tu as cru naïvement que ce Jonas annoncé serait ton premier fils, mais je sais aujourd'hui qu'il n'en est rien, parce que ce n'est pas lui qui est sorti du ventre de la baleine... Tu ne pouvais pas le savoir, car c'était le secret de Dieu, le vrai Dieu. Voilà pourquoi je voulais aller voir pépé avec mon petit vélo, parce que j'étais un Pinocchio en quête de son Geppetto... Tu vois, papa, tes coups n'ont pas pu empêcher l'accomplissement de ma destinée. Tu m'as arrêté brutalement sur cette petite route de mon enfance, mais tu n'as pas pu m'arrêter sur la grande route de ma vie.

Deuxième souvenir de ta violence contre l'enfant que je fus. Nous étions allés à l'aéroport de Lyon pour accueillir ton fils adoptif en provenance d'Alger, ce pauvre demi-frère aîné que tu as privé de sa carte de

1. Younes est l'équivalent arabe de Jonas.

séjour pour pouvoir construire ton premier bunker en Algérie. Pendant l'attente, j'eus l'idée d'aller flâner dans l'aéroport et je découvris avec émerveillement un lieu de prière où se trouvaient une petite mosquée, une petite église et une petite synagogue. Alors, avec mon cœur d'enfant, je fis des prières dans chacun de ces lieux baignés de paix, puis je revins vers toi, enchanté de cette belle expérience et heureux de la partager avec toi. Mais tu m'accueillis avec un visage sombre et une gifle. J'en fus immensément triste. J'étais venu vers toi avec un cœur ouvert plein de joie, et tu as reçu ce cadeau que je voulais te faire avec ta violence habituelle. Te rappelles-tu ce qui s'est passé sur le chemin du retour à la maison ? Ta belle voiture américaine, une Ford Granada, a glissé sur une plaque de verglas, puis est tombée dans une combe profonde. Nous sortîmes indemnes de cet accident qui aurait pu nous être fatal, mais tu fus bien puni, toi qui t'attachais plus au matériel qu'au spirituel, car tu y perdis ta belle voiture de frimeur.

Enfin, le dernier souvenir de ta violence que je voudrais partager avec toi, papa, c'est le suivant. Tu m'avais amené au consulat d'Algérie pour faire mes papiers d'identité et mon recensement, car tu tenais absolument à ce que j'accomplisse mon service militaire dans ton pays natal. Tu ne cessais de me dire que je n'étais pas français et que je ne le serais jamais. Tu me fis faire des photographies d'identité dans le Photomaton du consulat, mais comme j'avais oublié de jeter le chewing-gum que j'avais dans la bouche, tu n'apprécias pas que mes joues soient légèrement gonflées sur l'image et tu me giflas encore une fois. Cette énième baffe humiliante fut très chargée symboliquement pour moi, car elle semblait me dire que décidément, je n'avais pas le bon visage pour être un Algérien digne de ce nom. Combien de fois me renverras-tu par la suite cette image très négative de moi ? Celle d'un apostat, d'un traître, d'un vendu aux Français, d'un collabo des mécréants, d'un lèche-bottes des Occidentaux, comme certains de mes élèves du lycée Averroès me l'ont signifié et comme le pensent, si j'en crois leurs messages d'insultes, de menaces et de malédictions, des musulmans qui ont lu mes tribunes dans le journal *Libération*.

Voilà, tu es enfin chez toi, mais sans tes enfants et tes petits-enfants, qui vivent tous en France. J'ai toujours senti que maman et toi préfériez votre pays à vos enfants, et cela me paraissait dramatique. Mais je ne vous en veux plus de cela. Non, si je devais vous en vouloir pour une chose, ce serait seulement de n'avoir pas su être heureux. Vos nombreux pèlerinages à La Mecque, vos deux grandes villas algériennes, votre retraite confortable en euros dans un pays où la monnaie ne vaut pas grand-chose, rien de tout cela ne vous aura permis d'être heureux. Et veux-tu que je te dise pourquoi, papa ? Parce que vous vous êtes attachés toute votre vie à des chimères et non à l'essentiel. Je ne pourrais vous en vouloir que pour cette raison, cette unique raison, d'avoir été si incapables de bonheur.

Je te souhaite, papa, de finir ta vie en souffrant le moins possible. Au moment où je termine ce livre, « tout est pardonné », pour reprendre une célèbre une de *Charlie Hebdo*. Je ne garde de toi que des mots, rien que des mots. Pas les mots méchants, violents, agressifs, destructeurs, car tu m'en as dit beaucoup de cette sorte. Non, je garde tes mots qui me parlaient d'Averroès, de l'Andalousie heureuse et radieuse, de Sindbad le Marin, et ceux d'Alfred de Musset que tu m'as transmis en les attribuant à Christophe Colomb : « L'homme est un apprenti, la douleur est son maître. Et nul ne se connaît tant qu'il n'a pas souffert. »

Adieu mon père, je t'aimais bien malgré tout, malgré ta folie, malgré ta névrose profonde. Que Dieu te pardonne tes fautes comme je Lui demande de pardonner les miennes et qu'Il t'accueille dans Son infinie miséricorde. Oui, tout est pardonné papa. Va en paix maintenant. La paix des braves.

ANNEXES

ANNEXE 1

AUJOURD'HUI, LE PROPHÈTE EST AUSSI « CHARLIE »[1]

Voici une tradition prophétique islamique (hadith) que j'aime raconter à mes élèves de terminale : un jour, un compagnon du prophète Mohamed surprend celui-ci en train de pleurer, et lui demande la raison de ces larmes qui lui fendent le cœur. Le Prophète lui répond alors entre deux sanglots : « J'ai vu que dans le futur j'allais devoir témoigner contre ma propre communauté. » Et je pose ensuite cette question à mes élèves : « Ce futur sur lequel pleurait le Prophète de l'islam, n'est-ce pas notre propre époque ? »

Je veux témoigner dans *Libération* (journal pour lequel j'ai travaillé dans les années 80 à Lyon au côté de Philippe Lançon, que je salue affectueusement et auquel je souhaite un prompt rétablissement), de mon vécu propre des événements tragiques de ces derniers jours, en tant que citoyen français d'abord, et de culture musulmane ensuite. Oui, c'est bel et bien en tant que citoyen français qu'il me faut réagir aujourd'hui, et non

1. Tribune publiée le 15 janvier 2015 par le journal *Libération*.

pas en tant que membre d'une communauté religieuse (nécessairement hétérogène d'ailleurs, donc imaginaire, irréelle...), d'un mouvement politique, d'un courant d'idées, etc.

J'ai raconté ce hadith mardi à une classe de terminale dans laquelle les élèves sont majoritairement musulmans, et où il y a des filles voilées et d'autres non voilées. Je leur ai raconté cette histoire en ayant à l'esprit la une du *Charlie Hebdo,* renaissant de ses cendres, révélée par les médias la veille de sa sortie, mais aussi un dessin de Cabu tellement juste et si peu compris par beaucoup de musulmans, malheureusement, montrant un prophète de l'islam en colère s'exclamant : « C'est dur d'être aimé par des cons ! » J'atteste ici en tant que citoyen français de culture musulmane de l'authenticité de ce hadith relayé par Cabu, paix à son âme ! Et je brandis en même temps une pancarte avec écrit dessus en lettres capitales : « Humour ! »

Depuis quelque temps, et surtout depuis ces horribles meurtres d'innocents commis par des fous furieux criant « Allah est le plus grand ! » ou « Le prophète Mohamed a été vengé ! », je me demande si beaucoup de musulmans n'ont pas un énorme problème avec l'humour. Et j'ai repensé à un livre du psychanalyste François Roustang, qui m'avait beaucoup intéressé lors de sa sortie, intitulé *Comment faire rire un paranoïaque ?* François Roustang y explique que nous avons tous en nous un paranoïaque qui a besoin d'ennemis identifiés pour se rassurer quant à son identité propre, parce que ses ennemis lui servent de limites ou de bornes (qu'il n'a pas pu se constituer lui-même) lui permettant imaginairement de ne pas se diluer en un chaos angoissant. Et François Roustang ajoute que ce paranoïaque en nous, manque cruellement d'humour. Parce que ne plus prendre au sérieux sa propre paranoïa, ses « ennemis certains », ce serait renoncer à son identité imaginaire aussi consistante qu'un ectoplasme. Pourtant, commencer à rire de sa propre folie est le début de la guérison, nous révèle aussi Roustang dans son très bon livre tragiquement d'actualité.

Pourquoi tant de musulmans manquent aussi cruellement d'humour, de recul, de sérénité dès que l'on touche à un tabou, un dogme, un interdit auquel ils sont jalousement attachés ? Prenons l'exemple de l'interdiction de la représentation du Prophète. Un sacré tabou au sein de l'islam ! Mais un tabou indéboulonnable vraiment ? J'ai été très proche un temps d'une confrérie soufie, la Tariqa Alawiyya, dont le guide spirituel vivant en France est le cheikh Khaled Bentounès. En 2009, à l'occasion du centenaire de cette confrérie, le cheikh Bentounès a édité un bel album, d'une grande richesse iconographique, dans lequel il a osé publier des miniatures persanes représentant le prophète Mohamed, en considérant sereinement que ces représentations faisaient partie du patrimoine de l'islam, et qu'il n'y avait pas toujours eu, dans l'histoire de cette religion, un consensus des savants musulmans quant à l'interdiction de ce type de représentation. Comme il fallait s'y attendre, une polémique violente a immédiatement éclaté dans la presse algérienne, provoquée par deux institutions islamiques de poids, le Haut

Conseil islamique et l'Association des oulémas, celle-là même qui combattit avec acharnement les confréries soufies du temps de la colonisation française en les accusant de superstitions non conformes à la charia et d'accointances coupables avec l'envahisseur. Ces mêmes institutions islamiques ont aussi accusé le cheikh Bentounès d'avoir associé dans son album commémoratif le sceau de l'émir Abdelkader à l'étoile de David, symbole du sionisme selon eux, alors qu'il ne faisait que reprendre le symbolisme profond et commun à l'islam et au judaïsme du sceau de Salomon. Mais l'ignorance de ces prétendus « savants » de l'islam (ouléma veut dire « savant », en arabe) nous aura permis au moins de découvrir avec enchantement dans la même presse algérienne, et cela grâce à la pugnacité du cheikh Bentounès, que nombre d'édifices musulmans en Algérie recèlent dans leur architecture ou leur mobilier ce « symbole du sionisme ».

Est-ce à dire, alors, que la connaissance serait sœur de l'humour ? À cette question, je réponds sans hésitation : oui ! Ils sont risibles ces pseudo-savants de l'islam qui connaissent si mal leur religion et son patrimoine universel ! Mais ils sont risibles tant qu'ils ne passent pas au stade de la kalachnikov ou de l'attentat dit « kamikaze » pour répondre à ceux qu'ils perçoivent comme des ennemis de l'islam. Rappelons-nous que le prophète Mohamed lui-même disait que « l'encre du savant est plus précieuse que le sang du martyr ».

Alors oui, ce Prophète caricaturé, insulté, moqué, mais surtout ignoré, est aussi Charlie aujourd'hui, n'en déplaise à un grand nombre de musulmans qui trouveront peut-être ce propos déplacé ou naïf, voire insultant, surtout de la part de quelqu'un qui se réclame comme eux de la culture islamique. Oui, j'ose le dire, comme le très beau dessin de Luz le suggère avec tendresse et intelligence : le prophète de l'islam, Mohamed, pleure avec nous toutes les victimes innocentes de la barbarie et de l'ignorance, et demande à Allah le pardon pour les nombreuses brebis égarées se réclamant de sa religion, alors qu'elles n'ont toujours pas compris l'essentiel de son message.

ANNEXE 2

POURQUOI J'AI DÉMISSIONNÉ DU LYCÉE AVERROÈS[1]

Depuis la publication de mon texte intitulé « Aujourd'hui, le Prophète est aussi *Charlie* », dans *Libération* le 15 janvier, il y a eu quelques « rebonds » dans ma vie, et certains d'entre eux, très négatifs, m'ont mené à démissionner du lycée musulman Averroès de Lille, lycée sous contrat avec l'État où j'ai tenté d'exercer durant cinq mois éprouvants mon métier de professeur de philosophie.

J'ai reçu de nombreux soutiens et remerciements après la publication de ce texte, certains m'ont même parlé de « courage ». Mais pour moi, prendre la plume pour faire entendre ma voix en tant que citoyen français de culture islamique après les horribles attentats contre *Charlie Hebdo* et l'Hyper Cacher était surtout de l'ordre du devoir. Or, le jour même de la publication de ce texte, un proche de la direction de mon lycée vint m'interrompre en plein cours pour me dire en catimini, dans le couloir attenant à ma classe : « Il est très bien ton texte, je suis d'accord avec toi sur le

1. Tribune publiée le 6 février 2015 par le journal *Libération*.

problème des musulmans qui manquent d'humour et de recul par rapport à leur religion, mais tu dois savoir que tu vas te faire beaucoup d'ennemis ici, et je te conseille de regarder derrière toi quand tu marcheras dans la rue… »

Par la suite, un enseignant décida d'afficher une photocopie de mon texte en salle des professeurs. Bien mal lui en prit ! Ma pauvre tribune libre sera retirée plusieurs fois du tableau d'affichage « Vie de l'établissement » par des collègues musulmans furieux qui crieront au sacrilège ! Puis le 20 janvier, un professeur du lycée, proche des frères Tariq et Hani Ramadan, publia une sorte de « réplique » sur le site « L'Obs Le plus ». Dans cette tribune, il incrimina mon manque de raison, et tira à boulets rouges sur *Charlie Hebdo* en affirmant que ce journal « cultive l'abject » et qu'il « concourt, chaque jour, à la banalisation des actes racistes » (sic). Voilà donc ce que pensait un « représentant » du lycée Averroès d'un journal qui venait d'être attaqué tragiquement par des terroristes au nom d'Al-Qaida ! Pas étonnant alors que certains de mes élèves m'aient affirmé en cours que les caricaturistes de *Charlie Hebdo* assassinés l'avaient bien cherché, voire mérité… Et évidemment, nombre d'élèves me tiendront exactement le même discours que mon « contradicteur » : « Vous n'auriez jamais dû écrire dans la presse que le Prophète est aussi Charlie ! » « C'est un blasphème ! » « Vous léchez les pieds des ennemis de l'islam ! » Ce texte sera ensuite affiché à côté du mien en salle des professeurs, par souci du « débat démocratique », a-t-on essayé de me faire croire…

J'ai commencé à enseigner la philosophie au lycée Averroès en septembre 2014. Bien qu'on m'ait prévenu que cet établissement était lié à l'Union des organisations islamiques de France (UOIF), réputée proche de l'idéologie des Frères musulmans, j'ai tout de même voulu tenter cette expérience en espérant pouvoir travailler dans l'esprit du grand philosophe Averroès, et donc contribuer, à ma mesure, au développement sur notre territoire national d'un islam éclairé par la raison, comme le philosophe andalou du XIIe siècle a tenté de le faire lui-même de son vivant. Mais en cinq mois de travail dans ce lycée, mon inquiétude et ma perplexité n'ont fait que s'accroître jusqu'à l'épilogue que fut cette réaction incroyable à un texte dont le tort principal aux yeux de mes détracteurs était sans doute d'être intitulé : « Aujourd'hui, le Prophète est aussi *Charlie* »…

Pour vous donner une première idée de l'illusion qui fait office d'image positive dans la vitrine publique de ce lycée, je vais vous relater ma première mauvaise surprise : la direction m'a confié des élèves de seconde pour deux heures hebdomadaires d'enseignement d'exploration en « Littérature et Société ». Alors, en tant que professeur de philosophie, j'ai décidé de travailler avec eux sur un projet que j'ai nommé « L'esprit d'Averroès », afin de leur faire découvrir celui qui a donné son nom à leur lycée. Mais quelle n'a pas été ma surprise de constater que sur les rayons du CDI de cet établissement, il n'y avait ni livres du philosophe andalou, ni livres sur lui ! En revanche, j'y ai trouvé des ouvrages des frères Ramadan, très prisés dans ce lycée… J'ai dû alors me rabattre sur des bibliothèques municipales de Lille pour pouvoir commencer mon travail.

Pendant mes cours de philosophie avec mes quatre classes de terminale, les désillusions ont continué. Tout d'abord, le thème récurrent et obsessionnel des Juifs… En plus de vingt années de carrière en milieu scolaire, je n'ai jamais entendu autant de propos antisémites de la bouche d'élèves dans un lycée ! Une élève de terminale Lettres osa me soutenir un jour que « la race juive est une race maudite par Allah ! Beaucoup de savants de l'islam le disent ! ». Après un moment de totale sidération face à tant de bêtise, j'ai rétorqué à l'adresse de cette élève et de toute sa classe que le Prophète de l'islam lui-même n'était ni raciste, ni antisémite, et que de nombreux textes de la tradition islamique le prouvaient clairement. Dans une classe de terminale ES, un élève au profil de leader m'a soutenu un jour, en arborant un large sourire de connivence avec un certain nombre de ses camarades, que les Juifs dominent tous les médias français et que la cabale contre l'islam en France est orchestrée par ce lobby juif très puissant. Et j'ai eu beau essayer de démonter rationnellement cette théorie du complot sulfureuse, rien n'y a fait, c'était entendu : les Juifs sont les ennemis des musulmans, un point c'est tout ! Cet antisémitisme quasi « culturel » de nombre d'élèves du lycée Averroès s'est même manifesté un jour que je commençais un cours sur le philosophe Spinoza : l'un d'entre eux m'a carrément demandé pourquoi j'avais précisé dans mon introduction que ce philosophe était juif ! En sous-entendant, vous l'aurez compris, que le signifiant « juif » lui-même lui posait problème !

Autre cause de grosses tensions avec mes élèves : ma prétendue non-orthodoxie islamique ! Car évidemment, en tant que professeur de philosophie de culture islamique travaillant dans un lycée musulman, il m'arrivait régulièrement d'établir des passerelles entre mon cours et certains passages du Coran ou de la Sunna (un ensemble d'histoires relatant des propos et des actes du Prophète). Mais j'ai été agressé verbalement par des élèves qui considéraient que je n'avais aucune légitimité pour leur parler de la religion islamique, et de surcroît dans un cours de philosophie ! J'avais beau leur dire que c'était précisément la grande idée du philosophe Averroès que de considérer qu'il ne pouvait y avoir de contradiction entre la vérité philosophique et la vérité coranique, rien n'y faisait.

Et puis il y avait les thèmes et les mots tabous... La théorie darwinienne de l'évolution ? Le Coran ne dit pas cela, donc cette théorie est fausse ! J'avais beau me référer au livre de l'astrophysicien Nidhal Guessoum, *Réconcilier l'islam et la science moderne* dont le sous-titre est justement *L'esprit d'Averroès* [...], qui affirme avec de très solides arguments scientifiques et théologiques que la théorie de l'évolution est non seulement compatible avec le Coran, mais que plusieurs versets coraniques vont dans son sens, rien n'y faisait non plus.

Le mot « sexe » lui-même pouvait être tabou. Un jour, une élève (voilée) qui s'était proposée pour lire un texte de Freud refusa de prononcer le mot « sexe » à chacune de ses occurrences dans l'extrait concerné, et c'est la même élève qui refusa lors d'un autre cours de s'asseoir à côté d'un garçon alors qu'il n'y avait pas d'autre place possible pour elle dans la salle où nous nous trouvions ! J'ai dû alors lui rappeler fermement que la mixité dans l'enseignement français était un principe intangible et non négociable. Enfin, combien d'élèves du lycée n'ai-je pas entendu encenser, défendre, soutenir Dieudonné ! Avec toujours cette même rengaine, comme répétée par des perroquets bien dressés : pourquoi permet-on à *Charlie Hebdo* d'insulter notre Prophète alors qu'on interdit à Dieudonné de faire de l'humour sur les Juifs ?

Je peux vous parler aussi de la salle des professeurs du lycée Averroès, où des collègues musulmans pratiquants font leurs ablutions dans les toilettes communes, donc en lavant leurs pieds dans les lavabos communs, et où la prière peut être pratiquée à côté de la machine à café... Quid des collègues non musulmans (il y en a quelques-uns) qui aimeraient peut-être disposer d'un espace neutre, d'un espace non religieux, le temps de leur pause ?

En réalité, le lycée Averroès est un territoire « musulman » sous contrat avec L'État... D'ailleurs, certains collègues musulmans masculins se sont permis de faire des remarques sur des tenues vestimentaires de collègues féminines non musulmanes, sous prétexte qu'elles n'étaient pas conformes à l'éthique du lycée ! Et l'une de ces collègues non musulmanes m'a dit un jour également qu'elle ne se sentait pas « légitime » (sic) dans le regard de ses élèves, parce qu'elle n'était pas musulmane, précisément...

Je ne pouvais donc plus cautionner ce qui se passe réellement dans les murs de ce lycée, hors caméras des médias et derrière la vitrine officielle, même si je sais pertinemment que les adultes y travaillant et les élèves ne sont pas tous antisémites et sectaires. Mais j'ai fini par comprendre, au bout de cinq mois éprouvants dans cet établissement musulman sous contrat avec l'État français (mon véritable employeur en tant que professeur certifié), que les responsables de ce lycée jouent un double jeu avec notre République laïque : d'un côté montrer patte blanche dans les médias pour bénéficier d'une bonne image dans l'opinion publique et ainsi continuer à profiter des gros avantages de son contrat avec l'État, et d'un autre côté, diffuser de manière sournoise et pernicieuse une conception de l'islam qui n'est autre que l'islamisme, c'est-à-dire un mélange malsain et dangereux de religion et de politique.

Enfin, *last but not least*, il y a ce propos entendu de la bouche même d'un responsable du lycée, lors d'un discours prononcé à l'occasion d'une remise des diplômes à l'américaine aux bacheliers de la session 2014, en présence de deux « mécènes » du Qatar : « Un jour, il y aura aussi des filles voilées dans les écoles publiques françaises ! » Un programme politique ?

ANNEXE 3

UNE LECTURE MUSULMANE DU TESTAMENT SPIRITUEL DE CHRISTIAN DE CHERGÉ[1]

Quand un À-Dieu s'envisage

S'il m'arrivait un jour – et ça pourrait être aujourd'hui – d'être victime du terrorisme qui semble vouloir englober maintenant tous les étrangers vivant en Algérie, j'aimerais que ma communauté, mon Église, ma famille se souviennent que ma vie était donnée à Dieu et à ce pays. Qu'ils acceptent que le Maître Unique de toute vie ne saurait être étranger à ce départ brutal. Qu'ils prient pour moi : comment serais-je trouvé digne d'une telle offrande ? Qu'ils sachent associer cette mort à tant d'autres aussi violentes laissées dans l'indifférence de l'anonymat. Ma vie n'a pas plus de prix qu'une autre. Elle n'en a pas moins non plus. En tout cas, elle n'a pas l'innocence de l'enfance. J'ai suffisamment vécu pour me savoir complice du mal

1. Texte publié le 7 septembre 2010 par le site oumma.com. Afin de faciliter la lecture, l'éditeur a effectué de très légères modifications qui n'altèrent en rien la teneur originale du texte.

qui semble, hélas, prévaloir dans le monde, et même de celui-là qui me frapperait aveuglément.

J'aimerais, le moment venu, avoir ce laps de lucidité qui me permettrait de solliciter le pardon de Dieu et celui de mes frères en humanité, en même temps que de pardonner de tout cœur à qui m'aurait atteint. Je ne saurais souhaiter une telle mort. Il me paraît important de le professer. Je ne vois pas, en effet, comment je pourrais me réjouir que ce peuple que j'aime soit indistinctement accusé de mon meurtre.

C'est trop cher payé ce qu'on appellera, peut-être, la « grâce du martyre » que de la devoir à un Algérien, quel qu'il soit, surtout s'il dit agir en fidélité à ce qu'il croit être l'islam.

Je sais le mépris dont on a pu entourer les Algériens pris globalement. Je sais aussi les caricatures de l'islam qu'encourage un certain idéalisme. Il est trop facile de se donner bonne conscience en identifiant cette voie religieuse avec les intégrismes de ses extrémistes.

L'Algérie et l'islam, pour moi, c'est autre chose, c'est un corps et une âme. Je l'ai assez proclamé, je crois, au vu et au su de ce que j'en ai reçu, y retrouvant si souvent ce droit fil conducteur de l'Évangile appris aux genoux de ma mère, ma toute première Église, précisément en Algérie, et déjà dans le respect des croyants musulmans. Ma mort, évidemment, paraîtra donner raison à ceux qui m'ont rapidement traité de naïf, ou d'idéaliste : « Qu'il dise maintenant ce qu'il en pense ! »

Mais ceux-là doivent savoir que sera enfin libérée ma plus lancinante curiosité. Voici que je pourrai, s'il plaît à Dieu, plonger mon regard dans celui du Père pour contempler avec Lui Ses enfants de l'islam tels qu'Il les voit, tout illuminés de la gloire du Christ, fruits de Sa Passion, investis par le don de l'Esprit dont la joie secrète sera toujours d'établir la communion et de rétablir la ressemblance, en jouant avec les différences.

Cette vie perdue, totalement mienne, et totalement leur, je rends grâce à Dieu qui semble l'avoir voulue tout entière pour cette joie-là, envers et malgré tout. Dans ce MERCI où tout est dit, désormais, de ma vie, je vous inclus bien sûr, amis d'hier et d'aujourd'hui, et vous, ô amis d'ici, aux côtés de ma mère et de mon père, de mes sœurs et de mes frères et des leurs, centuple accordé comme il était promis !

Et toi aussi, l'ami de la dernière minute, qui n'aura pas su ce que tu faisais. Oui, pour toi aussi je le veux, ce merci, et cet « À-DIEU » envisagé de toi. Et qu'il nous soit donné de nous retrouver, larrons heureux, en paradis, s'il plaît à Dieu, notre Père à tous deux.

Amen ! Inch Allah !

Père Christian de Chergé

Alger (1er décembre 1993) – Tibhirine
(1er janvier 1994)

Ce qui est frappant d'entrée de jeu avec le testament spirituel de Christian de Chergé, c'est son titre : « Quand un À-DIEU s'envisage ». Je crois percevoir un premier message dans ce titre, qui me parle d'un Dieu sans visage… Oui, j'entends cela dans la phrase « Quand un À-DIEU s'envisage », aussi étonnant que cela puisse paraître. Mais que vient faire ce « Dieu sans visage » dans ce titre du Testament spirituel de Christian de Chergé ? Comme nous le verrons plus loin, il est question pour lui de voir ses frères musulmans avec « le regard du Père », vers la fin du texte... Mais au commencement de son testament, il envisage son départ hors du monde des vivants, il est comme dans un entre-deux, il ne voit pas encore avec le regard du Père, il est dans l'angoisse humaine, naturelle : il est face à un Dieu sans visage.

Christian de Chergé envisage donc d'être victime du terrorisme à la charnière des années 93-94 si terribles pour le peuple algérien au sein duquel il a vécu enfant et où il vit depuis plus de vingt ans. Il sent que cette fin dramatique est possible, probable. Il vit alors la finitude humaine avec acuité, il est plus proche que jamais du mystère de l'incarnation. Mais avant de partir, s'il faut partir, il veut transmettre un message au monde, un message important pour l'avenir, un message de vie, un message de paix.

Sa vie en Algérie a été marquée, fécondée en particulier par un *ribat el salam*, un « lien de paix » vécu avec des soufis de Médéa de la Tariqa Alawiyya (sous forme de rencontres régulières[2]), mais aussi de manière plus générale par ses nombreuses et régulières rencontres avec des musulmans algériens. Christian de Chergé était lecteur du Coran, il citait régulièrement des

2. Lire, à propos de ce *ribat el salam*, Christian Salenson, *Christian de Chergé. Une théologie de l'espérance*, Paris, Bayard, 2009, p. 232-233.

sourates dans ses homélies, et il alla jusqu'à reconnaître que le message coranique est parole de Dieu adressée aux hommes[3], ce qui n'est sans doute pas le cas de beaucoup de chrétiens, pour ne pas dire la majorité, même si nombre d'entre eux sont adeptes du dialogue interreligieux…

Alors il y a quelque chose qu'il ne veut pas par-dessus tout, par-dessus sa propre mort, c'est que les SIENS, sa communauté, son Église, sa famille, accusent l'islam et les musulmans de son meurtre. La fin de la première phrase de son testament spirituel est sans ambiguïté, elle a le tranchant de l'engagement sans hésitation, la fermeté de la décision responsable, réfléchie : « Ma vie était DONNÉE à Dieu et à ce pays. » Voilà qui est clair ! Un don vrai, ça n'hésite pas, ça ne barguigne pas, ça ne se marchande pas : Christian donne sa vie à Dieu et à l'Algérie ! Faut-il alors rappeler qu'en 1960, un garde champêtre prénommé Mohamed (tout un symbole !) a été assassiné par des moudjahidine pour avoir sauvé la vie de son ami Christian, qui était alors officier de l'armée française en Algérie[4] ?

Une vie sacrifiée pour une vie sauvée, cela me fait penser à cette parole évangélique : « Car celui qui voudra sauver sa vie, la perdra, et celui qui perdra sa vie à cause de moi et de l'Évangile la sauvera. » (Évangile

3. *Ibid.*, p. 53-71 et p. 93-106. Voir aussi Bénédicte Avon, Anne-Noëlle Clément, Roger Michel, Christian Salenson, *Le Verbe s'est fait frère. Christian de Chergé et le dialogue islamo-chrétien*, Paris, Bayard, 2010.
4. *Ibid.*, p. 41-45.

selon saint Marc, VIII, 35.) Se peut-il alors qu'un musulman porteur du nom du prophète de l'islam ait appliqué à la lettre cette parole du Christ ? Pour le jeune officier Christian de Chergé, ce fut sans doute le cas. Le sacrifice du garde champêtre Mohamed fut-il alors une expérience existentielle et spirituelle fondatrice ? Le jeune Christian de Chergé a-t-il compris à ce moment-là que le Christ n'appartient à aucune confession particulière et que Son Verbe vivant peut animer aussi un musulman ? C'est probable…

Bien des années après cet événement traumatisant, Christian est prêt lui aussi à donner sa vie à l'autre : à Dieu et à l'Algérie. L'ordre n'est évidemment pas anodin : donner sa vie à Dieu avant toute autre chose, cela est valable pour tout croyant sincère, et donner sa vie à l'Algérie est propre à Christian de Chergé, à son individuation particulière. Il affirme dans cette première phrase de son testament spirituel sa foi en l'Algérie, indissociable de sa foi en Dieu. Il a foi en l'autre, et son autre terrestre du moment est son hôte, le peuple algérien, la terre d'Algérie et l'islam, un corps et une âme, comme il le dira plus loin dans le texte. Alors il ne veut pas que les *siens* en veuillent à cet *autre* auquel il s'est donné : il appartient déjà aux siens, et cela me rappelle une autre parole d'Évangile : « Si vous aimez ceux qui vous aiment, quel gré vous en saura-t-on ? Car les pécheurs aussi aiment ceux qui les aiment. » (Évangile selon saint Luc, VI, 32.) Christian ne demande finalement aux siens que de vivre pleinement la parole du Christ !

La deuxième phrase du testament est très riche de sens. Je cite : « Qu'ils acceptent que le Maître Unique de toute vie ne saurait être étranger à ce départ brutal. » En tant que musulman, je ne peux qu'être réceptif à cette parole d'une grande justesse. On pourrait dire qu'elle résume à elle seule l'unicité divine à laquelle croit en principe tout musulman. Le grand mystique soufi que fut l'émir Abdelkader affirme dans son *Kitab el Mawaqif (Le Livre des haltes)* : « Rien n'est infidèle à Allah dans l'univers, si ce n'est en mode relatif. » L'émir exprime ainsi la quintessence de la doctrine de l'unicité, le *Tawhid*. Oui, il y a du mal et du bien dans le monde humain, d'où la nécessité de la Loi, de la charia. Mais du « point de vue » divin, rien n'est mal absolument. Dieu affirme dans le Coran : « Ma miséricorde embrasse toute chose. » (Sourate « Les Murailles », 7, 156.) Et un hadith *qudsi* (hadith sacré et authentique) Lui attribue aussi cette parole : « Ma miséricorde est plus haut placée que Mon courroux » ; ou, selon une autre version : « Ma miséricorde précède Mon courroux. » Une autre sourate du Coran peut nous aider à entendre cette parole de Christian de Chergé, la sourate 18, intitulée « La Caverne », qui relate l'histoire des Sept Dormants d'Éphèse, sept comme les sept moines martyrs de Tibhirine…, mais également une histoire fabuleuse et très riche en symbolisme : la rencontre entre le prophète Moïse et un mystérieux personnage que la tradition musulmane nomme El Khadir, qui signifie le Vert ou le Verdoyant. Ce récit symbolique nous raconte que Moïse, incarnant sans doute le prophète de la Loi, désire être initié à une science divine que seul El Khadir peut lui enseigner. Mais celui-ci prévient Moïse qu'il n'aura sans doute pas assez de patience pour comprendre cette science qu'il recherche. Moïse lui fait la promesse qu'il sera patient. El Khadir accepte alors qu'il le suive, mais rapidement, son disciple est indigné par les agissements de son initiateur, qui coule un bateau de pêcheurs, tue un jeune homme et rend service à un village qui a refusé de les accueillir… El Khadir interrompt alors l'initiation de Moïse, mais avant de le quitter, il lui révèle le secret de son comportement, qui n'était injuste qu'en apparence.

Relisons cette phrase de Christian de Chergé à l'aune de ce récit coranique : « Qu'ils acceptent que le Maître Unique de toute vie ne saurait être étranger à ce départ brutal. » Pourrait-on dire que ce moine chrétien a eu la patience exigée par El Khadir que Moïse n'a pas eue ? Le lieu de la rencontre avec El Khadir le Verdoyant est le confluent des deux mers, le *barzakh*, qui est le « lieu », en quelque sorte, de la conjonction de tous les opposés. La sourate 18 nous dit également qu'en ce lieu, un poisson a retrouvé son origine, comme si ce *barzakh* était l'origine de la vie elle-même, son centre vivant, son Soi… Tout comme Moïse, nous pouvons plaquer des jugements négatifs, percevoir de l'injustice sur ce qui nous apparaît comme du non-sens, et nous pouvons même aller dans notre désespoir jusqu'à accuser Dieu de cette injustice apparente, voire renier Dieu, oublier Dieu… Christian de Chergé semble au contraire accepter le non-sens apparent de sa mort brutale qu'il anticipe, sans doute parce qu'il s'abandonne totalement à la volonté divine, parce qu'il a foi en la miséricorde divine nécessairement supérieure au non-sens apparent du monde. Dans la tradition soufie, cette confiance sereine en Dieu est appelée *Tawakkul*, qui peut être traduit par « abandon total à Dieu », « confiance totale en Dieu ». Mais ne parlons pas de courage à propos du *Tawakkul* de Christian, et encore moins de naïveté, comme il le signale plus loin dans le texte : « Ma mort, évidemment, paraîtra donner raison à ceux qui m'ont rapidement traité de naïf, ou d'idéaliste : "Qu'il dise maintenant ce qu'il en pense !" » Le *Tawakkul* n'est ni courageux ni naïf : il est confiance, foi nourries du Verbe de Dieu Lui-même. Un arbre sain n'est ni courageux ni naïf, il est ! Écoutons ce que nous dit de cet arbre le Coran, dans la sourate « Abraham » :

14, 24. Vois-tu à quoi le Seigneur compare, à titre d'exemple, la bonne parole ? C'est à un bel arbre dont les racines se fixent solidement dans le sol et dont la ramure s'élance vers le ciel.

14, 25. En produisant, par la grâce de son Seigneur, des fruits à chaque instant. Dieu propose ainsi des paraboles aux hommes pour les amener à réfléchir.

14, 26. Au contraire, une méchante parole est semblable à un arbre nuisible qui se développe à ras du sol, sans jamais y avoir une attache solide.

Christian de Chergé est porteur d'une telle parole vivante, féconde, et j'en parle au présent à dessein…

« Qu'ils prient pour moi : comment serais-je trouvé digne d'une telle offrande ? » Étonnante question ! Mais cohérente dans l'esprit de Christian, comme le confirme ce qu'il affirme ensuite. Il ne veut pas être perçu comme un candidat au martyre, ce n'est pas son désir – ce serait un désir égotique qui n'a rien à voir avec son vécu, son expérience, son aspiration profonde. Il ne veut pas être perçu comme un être extraordinaire, un être plus courageux ou plus fort que les autres. Il pense à toutes les victimes de la violence des hommes mortes dans l'anonymat. Christian tient à être perçu simplement comme un être humain, dont la vie n'a ni plus ni moins de valeur que celle de tout autre. Mais après avoir fait cette mise au point, il enchaîne avec une autre affirmation qui a une portée spirituelle considérable : sa vie, dit-il, « n'a pas l'innocence de l'enfance ». Et il ajoute : « J'ai suffisamment vécu pour me savoir complice du mal qui semble, hélas, prévaloir dans le monde, et même de celui-là qui me frapperait aveuglément. » À ce moment du texte, je ne peux m'empêcher de penser à cette phrase de Dostoïevski dans son roman *Les Frères Karamazov* : « Nous sommes tous coupables de tout devant tous, et moi plus que les autres. » Oui, le testament spirituel de Christian de Chergé a des accents dostoïevskiens, jusque dans le pardon accordé et anticipé à son possible meurtrier. Mais ce testament a surtout un accent chrétien…

Christian réaffirme ensuite qu'il ne souhaite pas mourir, qu'il ne souhaite pas finir sa vie en martyr, surtout s'il le doit à un musulman croyant agir conformément à l'islam, car il ne veut pas que l'islam dans son ensemble soit stigmatisé à cause de sa mort. Lui qui a fréquenté tant de musulmans en Algérie, qu'il ne faut surtout pas qualifier de modérés comme on le fait aujourd'hui, sait pertinemment que la violence qui ensanglante son pays d'adoption n'est pas dictée par l'islam lui-même, mais générée par trop d'années de frustrations, d'humiliations, de misères, de souffrances du peuple algérien, qui n'accepte plus qu'un pays aussi riche que le sien ne parvienne pas à subvenir à ses besoins les plus élémentaires… « Je sais le mépris dont on a pu entourer les Algériens pris globalement » : ici Christian ne précise pas qui méprise les Algériens, mais si l'on pense évidemment à la France colonisatrice, pourquoi pas aussi au pouvoir politique algérien lui-même ? Un peuple méprisé a des raisons objectives de se révolter, et le peuple algérien est en plus un peuple très fier !

Et puis vient cette phrase magnifique : « L'Algérie et l'islam, pour moi, c'est autre chose, c'est un corps et une âme. » À ce moment du texte, Christian met le doigt sur quelque chose de tout à fait fondamental : le patrimoine spirituel de l'Algérie. En 2009, la confrérie soufie Alawiyya a célébré son centenaire. À cette occasion, le cheikh Bentounès a lancé sur les routes du territoire très vaste de l'Algérie une caravane de l'espoir afin de promouvoir, d'exposer, de faire découvrir ou redécouvrir le patrimoine spirituel très riche de l'Algérie jalousement préservé depuis des siècles dans un grand nombre de *zaouïas*. Cette caravane n'avait pas de finalité prosélyte, mais visait à animer ou à réanimer cette âme vivante de l'Algérie dont parle précisément Christian de Chergé. Le *ribat el salam* évoqué plus haut fut un lien de paix entre les moines de Tibhirine et des *fuqaras* (disciples) de la confrérie Alawiyya de Médéa, et la caravane de l'espoir passa justement à Tibhirine, en juin 2009, à l'initiative de ces disciples *alawi* pour rendre hommage aux moines martyrs en présence de chrétiens d'Algérie, de l'archevêque d'Alger et de l'ambassadeur de France en Algérie. Christian de Chergé a donc bel et bien compris le rôle clé de la spiritualité musulmane en Algérie, car, en effet, un corps sans âme est un corps mort ! Mais qu'est-ce aussi qu'une âme sans corps ? Le corps, c'est l'Algérie, et c'est en quelque sorte un corps maternel pour Christian. Après avoir affirmé que l'Algérie et l'islam sont un corps et une âme, il ajoute : « Je l'ai assez proclamé, je crois, au vu et au su de ce que j'en ai reçu, y retrouvant si souvent ce droit fil conducteur de l'Évangile appris aux genoux de ma mère, ma toute première Église, précisément en Algérie, et déjà dans le respect des croyants musulmans. » Ici se mêlent les images d'une Algérie maternelle, d'une mère qui lui enseigne l'Évangile avec amour sur ses genoux et d'une mère spirituelle qui est l'Église. Belle trinité !

Je ne pense pas que ce soit un hasard que Christian mette l'accent ainsi sur l'aspect maternel de son expérience spirituelle en Algérie. Dans la tradition musulmane, le matriciel est fondamental : la formule qui doit débuter toute action et toute récitation coranique est : « *bismillah el rahman el rahim* », traduit généralement par « au nom de Dieu, le Clément, le Miséricordieux ».

Mais les mots « *rahman* » et « *rahim* », qui sont les deux noms d'Allah les plus invoqués parmi Ses quatre-vingt-dix-neuf autres noms, évoquent aussi la dimension matricielle de Dieu, sa dimension maternelle. La tradition soufie dit qu'Allah aime Ses serviteurs comme une mère. Un hadith raconte l'histoire suivante : un jour, le Prophète Mouhammed se trouvant avec des compagnons vit un enfant au bord d'un précipice prêt à tomber, quand soudain surgit sa mère qui le sauva in extrémis. Le Prophète demanda alors à ses compagnons : « Est-ce que quelqu'un peut aimer cet enfant plus que sa mère ? » Les compagnons répondirent : « Non. » « Eh bien si, renchérit le Prophète, Allah aime plus cet enfant que sa propre mère. »

Venons-en à cet aveu de Christian, après avoir évoqué ceux qui le croient naïf : « Mais ceux-là doivent savoir que sera enfin libérée ma plus lancinante curiosité. Voici que je pourrai, s'il plaît à Dieu, plonger mon regard dans celui du Père pour contempler avec Lui Ses enfants de l'islam tels qu'Il les voit, tout illuminés de la gloire du Christ, fruits de Sa Passion, investis par le don de l'Esprit dont la joie secrète sera toujours d'établir la communion et de rétablir la ressemblance, en jouant avec les différences. » Bien sûr, pour le musulman que je suis, il y a là un langage spécifiquement chrétien quasi incompatible avec ma foi, pourquoi le nier ? D'ailleurs Christian lui-même ne nie pas les différences, au contraire, il dit que l'Esprit de Dieu aime jouer avec les différences afin de rétablir la ressemblance fraternelle et d'établir la communion des cœurs. Un hadith affirme que « la différence (ou la divergence) est une miséricorde d'Allah ». Et en effet, comment progresser dans la rencontre de l'autre sans cette différence ? S'il n'y avait pas de différence, il n'y aurait pas de cheminement de rencontre, et il n'y aurait donc pas d'élévation possible, on en resterait à un égalitarisme ras les pâquerettes, si je suis dire, on se déshumaniserait. Et qui n'avance pas régresse. Mais au-delà de cette différence nécessaire, voulue par Dieu Lui-même, il y a ce « regard du Père » qui unifie, qui réconcilie, qui se situe au-delà des oppositions. C'est ce regard-là que Christian espère atteindre au-delà de la mort. Un verset du Coran dit : « Tout est voué à périr, excepté la Face du Seigneur. » (Sourate « Le Récit », 28, 88.) C'est cette Face de Dieu que Christian veut contempler, cette Face en laquelle il n'y a plus d'opposition, en laquelle communion et ressemblance sont rétablies. Christian aspire à contempler *le vrai Visage de Dieu.*

Il pourrait sembler qu'il se contredit en cette fin de texte bouleversante de tendresse et de compassion, car au début il soulignait qu'il ne désirait pas mourir en martyr, bien qu'il ait confessé dès la première phrase que sa vie était donnée à Dieu et à l'Algérie. La tradition soufie m'aide à comprendre qu'il n'y a en réalité aucune contradiction dans le propos de Christian. Voici ce que dit le cheikh Muhieddine Ibn Arabi, un grand maître soufi du Moyen Âge, à propos de l'amour débordant d'une certaine catégorie de serviteurs de Dieu : « C'est l'excès d'amour ou comble de l'amour *(ifrât al-mahabba)* ou l'amour débordant *(mahabba mufrita)* auquel cette parole divine s'applique : "ceux qui croient ont un amour plus intense *(ashaddu hubban)* pour Dieu." (Coran, II, 65.) Un peu plus loin, il dit : "D'après les récits, cette affection s'était emparée de Zulayka (la femme de Putiphar). Elle s'ouvrit une veine et le sang, en touchant le sol en de nombreux endroits, traça : 'Joseph, Joseph !' Car la mention du nom de son bien-aimé s'était répandue dans ses veines. C'est ce qu'on rapporte aussi de Al-Hallâj, dont le sang coulant de ses membres amputés écrivait le nom 'Allah ! Allah !' partout où il tombait. Dans cet état, il improvisa ces vers – que Dieu lui fasse miséricorde :

Ni membres ni jointures ne me furent amputés
Sans que votre mention, Seigneur, ne s'y trouvât !

De tels cas rentrent dans cette sorte d'affection et concernent ces êtres débordants d'amour *('ushshâq)* qui trouvèrent de cette manière la mort par amour. Un tel sacrifice est dénommé *la domination d'amour (gharâm)*[5]. »

Christian de Chergé aspirait-il à devenir martyr ? S'il débordait d'amour pour Dieu, alors nous pouvons répondre positivement à cette question. Mais en ajoutant aussitôt que c'est Dieu Lui-même qui ravit Son serviteur ainsi, aussi scandaleux que cela puisse paraître. « Qu'ils acceptent que le Maître Unique de toute vie ne saurait être étranger à ce départ brutal »... Un ami soufi m'a dit un jour, à propos des

5. Ibn Al-Arabi, *Traité de l'amour*, Paris, Albin Michel, 2007, p. 123-124.

sept moines martyrs de Tibhirine : « C'est une chance pour eux ! C'est le signe que Dieu les aime beaucoup ! » Paroles choquantes ? Scandaleuses ? Ou bien cri du cœur – qui a ses raisons que la raison ignore ? À chacun de se faire son propre avis sur cette question délicate, intime… Mais cette phrase de Christian semble ne laisser aucun doute sur sa compréhension de son propre sacrifice : « Cette vie perdue, totalement mienne, et totalement leur, je rends grâce à Dieu qui semble l'avoir voulue tout entière pour cette joie-là, envers et malgré tout. »

Le testament spirituel de Christian de Chergé se termine par un pardon accordé sans condition à celui qui l'assassinera. Lorsque j'ai raconté l'histoire des sept moines de Tibhirine à mon père, il m'a dit : « Les musulmans qui ont fait ça vont tous aller directement en enfer, et les moines martyrs iront directement au paradis ! » Là aussi ce fut un cri du cœur ! La majorité des musulmans ne peuvent qu'être choqués et scandalisés par un tel crime contre des serviteurs de Dieu, d'autant que le Coran lui-même fait l'éloge des moines chrétiens qui prient Dieu jour et nuit. La loi du talion est généralement de mise dans la tradition musulmane, mais il y a toujours la possibilité pour la famille de la victime d'un meurtre d'obtenir le prix du sang par un autre moyen que la mort du meurtrier. Et puis il y a ce verset de la sourate « Les Abeilles » : « Si vous devez exercer des représailles, que cela soit à la mesure de l'offense subie, mais si vous pardonnez, cela vaudra mieux pour ceux qui sont capables de se dominer. » (16, 126.) Être capable de se dominer… Je pense ici à l'histoire d'Abel et Caïn telle qu'elle est racontée dans le Coran :

5, 27. Raconte-leur l'histoire des deux fils d'Adam telle qu'elle s'est déroulée. Chacun des deux frères avait fait une offrande, mais celle de l'un fut acceptée, alors que celle de l'autre ne le fut point. « Je te tuerai », dit ce dernier à son frère, qui lui répondit : « Que veux-tu, Dieu n'accepte que de ceux qui Le craignent !

5, 28. Et si tu portes la main sur moi pour me tuer, je n'en ferai pas de même, car je crains trop mon Seigneur, le Maître de l'Univers, pour commettre un pareil crime !

5, 29. Je préfère que tu te charges, seul, de mes péchés et des tiens, et tu seras alors voué à la Géhenne qui est la juste récompense des criminels. »

5, 30. Mais n'obéissant qu'à son instinct bestial, Caïn fut entraîné au meurtre de son frère. Il le tua donc et se trouva de ce fait du nombre des réprouvés.

5, 31. Dieu envoya alors un corbeau qui se mit à gratter le sol pour lui indiquer comment inhumer le cadavre de son frère. Alors le meurtrier s'écria : « Malheur à moi ! Suis-je donc incapable d'imiter ce corbeau et d'ensevelir la dépouille de mon frère ? » Et, depuis lors, il ne cessa d'être rongé par d'intenses remords.

Le verset 29 de cette sourate intitulée « La Table » peut paraître scandaleux ! Abel dit à Caïn que s'il le tue, il sera chargé de ses propres péchés et de ceux de sa victime ! On peut être alors pris de pitié pour ce pauvre Caïn « qui n'aura pas su ce qu'il faisait »... Le verset 32 de la même sourate, tout de suite après l'histoire d'Abel et Caïn, dit ceci : « Voilà pourquoi Nous avons édicté cette Loi aux fils d'Israël : "Quiconque tue un être humain non convaincu de meurtre ou de sédition sur la Terre est considéré comme le meurtrier de l'humanité. Quiconque sauve la vie d'un seul être humain est considéré comme ayant sauvé la vie de l'humanité tout entière." » Dieu envoie un corbeau à Caïn pour lui faire prendre conscience de sa faute et lui faire éprouver des remords... Le corbeau, c'est l'oiseau de mauvais augure qui ne ramène pas le rameau d'olivier annonciateur du salut à Noé, mais qui en même temps incite Caïn à creuser la terre...

Cette image de creuser la terre me rappelle une histoire vécue par Christian de Chergé à Tibhirine et qu'il raconte ainsi : « Depuis qu'un jour, il m'a demandé, tout à fait à l'improviste, de lui apprendre à prier, Mohamed (un habitant du village de Tibhirine) a pris l'habitude de venir s'entretenir régulièrement avec moi. C'est un voisin. Nous avons ainsi une longue histoire de partage. Souvent il m'a fallu faire court avec lui, ou passer des week-ends sans le rencontrer quand les hôtes se faisaient trop nombreux et absorbants. Un jour, il trouva la formule pour me rappeler à l'ordre et solliciter un rendez-vous : "Il y a longtemps que nous n'avons pas creusé notre puits !" L'image est restée. Nous l'employons quand nous éprouvons le besoin d'échanger en profondeur. Une fois, par mode de plaisanterie, je lui posai la question : "Et au fond de notre puits, qu'est-ce que nous allons trouver ? De l'eau musulmane ou de l'eau chrétienne ?" Il m'a regardé mi-rieur, mi-chagriné : "Tout de même, il y a si longtemps que nous marchons ensemble et tu me poses encore cette question ! Tu sais, au fond de ce puits-là, ce qu'on trouve, c'est l'eau de Dieu[1]." »

Voilà, au-delà de nos différences dogmatiques, théologiques, culturelles, il y a cette même chose que nous cherchons tous, chrétiens et musulmans, cette « eau de Dieu » qui étancherait notre soif de paix, notre soif de salut. Christian de Chergé a cherché cette eau de Dieu avec ses frères chrétiens et musulmans en Algérie. Une eau vive, comme celle où le poisson de Moïse et de son serviteur retrouve la vie et où se trouve le confluent des deux mers, le *barzakh*, c'est-à-dire l'entre-deux de la rencontre.

1. Christian Salenson, *Christian de Chergé. Une théologie de l'espérance*, *op. cit.*, p. 75-76.

Remerciements

Je tiens à remercier le directeur éditorial des Échappés pour sa confiance, ainsi que les deux correcteurs de mon livre et mon éditrice qui ont fait un véritable travail de fourmi afin de rendre mon texte le plus lisible possible. Un livre est une œuvre collective, peu d'écrivains ont la sincérité et l'honnêteté de le dire. C'est dit.

Bibliographie succincte

De la domestication au tabou. Le cas des suidés au Proche-Orient ancien, sous la direction de Brigitte Lion et Cécile Michel, Paris, De Boccard, 2006.

La Bible, Traduction Œcuménique, TOB, Paris, Cerf, 2010.

Les Mille et Une Nuits, traduction et préface de René Khayam, Paris, Phébus, coll. « Domaine arabe », 1986-1987.

Abdelkader, émir, *Le Livre des haltes*, Paris, Dervy, 2008.

Aboudran, Bruno-Nassim, *Comment le voile est devenu musulman*, Paris, Flammarion, 2014.

Abu-Sahlieh, Sami A. Aldeeb, *Circoncision. Le complot du silence*, Paris, L'Harmattan, 2003.

Avon, Bénédicte, Clément, Anne-Noëlle, Michel, Roger, Salenson, Christian, *Le Verbe s'est fait frère. Christian de Chergé et le dialogue islamo-chrétien*, Paris, Bayard, 2010.

Balmary, Marie, *Le Sacrifice interdit. Freud et la Bible*, Paris, Le Livre de Poche, 1995.

Begag, Azouz, *Un mouton dans la baignoire*, Paris, Fayard, 2007.

Benslama, Fethi, *La Psychanalyse à l'épreuve de l'islam*, Paris, Flammarion, 2004.

Bentounès, cheikh Khaled, *Thérapie de l'âme*, Paris, Albin Michel, 2011.

Bentounès, cheikh Khaled, Solt, Bruno et Romana, *Le Soufisme, cœur de l'islam*, Paris, Albin Michel, 2014.

Cartigny, Johan, *Cheikh Al Alawi. Documents et témoignages*, Drancy, Éditions Les Amis de l'Islam, 1984.

Chiadmi, Mohammed, *Le Noble Coran. Nouvelle traduction française du sens de ses versets*, Lyon, Tawhid, 2011.

Étienne, Bruno, *Abdelkader, isthme des isthmes*, Paris, Hachette, 1994.

Étienne, Bruno, *Une voie pour l'Occident. La franc-maçonnerie à venir*, Paris, Dervy, 2012.

Ferry, Luc, Renaut, Alain, *La Pensée 68*, Paris, Gallimard, coll. « Le monde actuel », 1985.

Freud, Sigmund, *Nouvelles Conférences d'introduction à la psychanalyse*, « Quatrième conférence. L'angoisse et la vie instinctuelle », Paris, Gallimard, coll. « Folio, essais », 1989.

Genet, Jean, *Journal du voleur*, Paris, Gallimard, coll. « Folio », 1982.

Geoffroy, Éric et Néfissa, *Le Grand Livre des prénoms arabes*, Paris, Albin Michel, 2009.

Godefroy, Aurélie, *Les Religions, le Sexe et Nous*, Paris, Le Livre de Poche, 2013.

Hocquenghem, Guy, *Ève*, Paris, Albin Michel, 1987.

Hocquenghem, Guy, *La Colère de l'Agneau*, Paris, Albin Michel, 1985.

Hocquenghem, Guy, *Les Voyages et aventures extraordinaires du frère Angelo*, Paris, Albin Michel, 1988.

Houellebecq, Michel, *Soumission*, Paris, Flammarion, 2015.

Humbert, Élie G., *L'Homme aux prises avec l'inconscient. Réflexions sur l'approche jungienne*, Paris, Albin Michel, 1994.

Ibn 'Arabî, *L'Interprète des désirs*, Paris, Albin Michel, 2012.

Ibn 'Arabî, *Traité de l'amour*, Paris, Albin Michel, 2007.

Jonas, Hans, *Le Principe responsabilité*, Paris, Flammarion, coll. « Champs essais », 1998.

Jung, Carl Gustav, *Dialectique du Moi et de l'inconscient*, Paris, Gallimard, coll. « Folio essais », 1986.

Jung, Carl Gustav, *L'Homme et ses Symboles*, Paris, Robert Laffont, 2002.

Jung, Carl Gustav, « *Ma vie* ». *Souvenirs, rêves et pensées.* Recueillis et publiés par Aniéla Jaffé, Paris, Gallimard, coll. « Folio », 1991.

Levinas, Emmanuel, *Dieu, la mort et le temps*, Paris, Le Livre de Poche, 1995.

Moïsi, Dominique, *La Géopolitique de l'émotion. Comment les cultures de peur, d'humiliation et d'espoir façonnent le monde*, Paris, Flammarion, 2010.

N'Diaye, Tidiane, *Le Génocide voilé. Enquête historique*, Paris, Gallimard, 2008.

Pinkola Estés, Clarissa, *Femmes qui courent avec les loups. Histoires et mythes de l'archétype de la Femme sauvage*, Paris, Le Livre de Poche, 2001.

Salah, Rahmouna, Maamoura, Fatiha, *Laissées pour mortes. Le lynchage des femmes de Hassi Messaoud*, témoignages recueillis par Nadia Kaci, Paris, Max Milo, 2010.

Salenson, Christian, *Christian de Chergé. Une théologie de l'espérance*, Paris, Bayard, 2009.

Sibony, Daniel, *Entre-deux. L'origine en partage*, Paris, Seuil, 1991.

Solié, Pierre, *La Femme essentielle. Mythanalyse de la Grande-Mère et de ses Fils-Amants*, Paris, Seghers, 1980.

Solié, Pierre, *Le Sacrifice. Fondateur de civilisation et d'individuation*, Paris, Albin Michel, 1988.

Tamzali, Wassyla, *Une femme en colère. Lettre d'Alger aux Européens désabusés*, Paris, Gallimard, 2009.

Vitray-Meyerovitch, Eva de, *Islam, l'autre visage*, Paris, Albin Michel, 1995.

Youssef, Olfa, *Le Coran au risque de la psychanalyse*, Paris, Albin Michel, 2007.

Table des matières

ANNEXES